Michael Bitala

Der Löwe im Keller des Palastes

Ostafrikanische Erfahrungen

Picus Lesereisen

Picus Verlag Wien

Für Sara

2. Auflage 2008

Grafische Gestaltung: Dorothea Löcker, Wien
Umschlagabbildung: Corbis
Druck und Verarbeitung:
Druckerei Remaprint, Wien
ISBN 978-3-85452-775-6

Informationen über das aktuelle Programm
des Picus Verlags und Veranstaltungen unter
www.picus.at

Inhalt

Vorwort

Wer in Ostafrika wohnt, braucht mit Mitleid nicht zu rechnen. Auch heute noch vergeht fast kein Tag, an dem nicht ein Freund oder Kollege aus der Zeitung anruft und fragt, was ich denn gerade so treibe. Dann heißt es: »Bist du gerade im Nationalpark von Nairobi und siehst den Löwen, Giraffen und Nashörnern zu? Es ist so ruhig im Hintergrund.« Oder: »Liegst du schon wieder am Strand von Mombasa? Ich höre Wellenrauschen.« Oder: »Gib es zu: Ich hab dich am Fuße des Kilimandscharo erwischt. Was schmilzt schneller: dessen Schneekappe oder das Eis in deinem Gin Tonic?« Eine auch sehr beliebte Frage lautet: »Geraten gerade die Massai-Tänzer in deinem Garten in Ekstase? Du wirkst so unkonzentriert.«

Ich beantworte alle diese Fragen grundsätzlich mit Ja. Auch wenn es für mich die meiste Zeit keine Nashörner am Nachmittag gibt, keinen Schnaps unterm Kilimandscharo und auch keine Massai in meinem Garten. Aber alle diese Jas haben dazu geführt, dass einige meiner Freunde und Kollegen wirklich neugierig geworden sind und mich in Kenia besucht haben – nicht zuletzt wohl, um mich doch noch bei meiner angeblichen Dauer-Safari zu erwischen. Kein Besucher hat den Ausflug bislang bereut. Im Gegenteil. Sie waren von Ostafrika begeistert, überwältigt und hingerissen – aber auch entsetzt, verwirrt und abgestoßen. Denn außer Kilimandscharo, Löwen und Massai-Tänzen habe ich ihnen vor allem Menschen vorgestellt und gezeigt, wie die Afrikaner hier leben und überleben.

Ostafrika ist nämlich ein merkwürdiger Ort. Einer, dessen Gegensätze kaum zu beschreiben sind.

Ostafrika, und das ist hinlänglich bekannt, ist ein Paradies. Kein anderer Teil des Kontinents hat so viele spektakuläre Völker, Landschaften und Tiere auf so dicht gedrängtem Raum. Allein in Kenia gibt es vierzig verschiedene Volksgruppen, Dutzende Nationalparks, Regenwälder, Halbwüsten, riesige Seen, die höchsten Berge Afrikas, und natürlich diesen ewig langen palmenbesäumten Sandstrand entlang des Indischen Ozeans.

Ostafrika ist aber auch die Hölle. Hier sterben Menschen, weil sie sich die paar Cent für die einzige Mahlzeit am Tag nicht leisten können oder weil die lang anhaltende Dürre oder der nicht enden wollende Regen die letzte Ernte zunichte gemacht hat. Hier sterben Kinder an Durchfall, Malaria oder Cholera, weil ihre Eltern die paar Euro für die Behandlung nicht bezahlen können. Und hier hausen Millionen von Menschen in den Slums der Metropolen, in Holzhütten, unter Plastikplanen oder Pappkartons. Wer den ganz harten Anblick will, der muss nur mal nach Mitternacht durch das Stadtzentrum von Nairobi oder Daressalam fahren, wenn die Straßen nahezu verwaist sind. Dann lungern dort Hunderte von Straßenkindern herum, oft keine fünf, sechs Jahre alt – und sie ernähren sich vom Müll der Großstadt.

Die Gegensätze hier sind so groß, dass man nicht selten meint, einem platzt der Schädel. Es wäre eine Lüge zu behaupten, dass ich in meiner Freizeit nicht gerne in die Nationalparks oder ans Meer fahre. Oft aber besuche ich auch Bekannte, die nicht selten gleich ums Eck meines Hauses wohnen, in einem dicht gedrängten Slum. Von ihnen bekomme ich die besten Anregungen für mein Leben in Kenia und für meine Texte.

Wer in Ostafrika lebt, zumal als Journalist, wird ständig zwischen diesen extremen Welten wandern. Und schon nach kurzer Zeit in Nairobi habe ich festgestellt, dass es mich oft viel mehr interessiert, wie die Menschen hier leben, was sie bewegt und welche Sorgen sie haben, als dass ich mir erneut die grandiosen Elefantenherden am Fuße des Kilimandscharo ansehe.

Einer der ersten Sätze, die ich bei meiner Ankunft in Kenia im Juli 1999 auf Kisuaheli gelernt habe, lautet: *Msafiri maskini, ajapokuwa sultani* – Ein Reisender ist arm, auch wenn er als Sultan kommt. Und dieses Sprichwort ist nicht nur eine Weisheit, es ist für die meisten Ostafrikaner auch eine Pflicht. Sie haben mich auf all meinen Reisen durch Kenia, Tansania, Ruanda, Uganda, Eritrea und Äthiopien wie einen Sultan aufgenommen, mich umsorgt und verwöhnt, mir ihr Leben erklärt und sich gewünscht, dass ich ein bisschen was von ihrer Welt verstanden habe. Ich hoffe, dass ich ihnen diesen Wunsch mit meinen Geschichten erfüllen konnte.

Immer Arbeit mit dem Personal

Hilfe, ich habe vier Hausangestellte: Von den Schwierigkeiten, als Hausherr alles richtig zu machen

Meine Villa, mein Auto, mein Park, mein erster Angestellter, mein zweiter Angestellter, mein dritter Angestellter, mein vierter Angestellter. Vier Hunde, drei Hühner und ein Gartenhaus besitze ich hier in Afrika natürlich auch, aber wir wollen ja nicht übertreiben.

Mal im Ernst: Endlich ist dieses schreckliche Leben in München vorbei. Nie mehr Geschirr spülen, abstauben, bügeln, kochen, waschen, einkaufen, Müll sortieren und am Wochenende das Bad polieren – alles Ballast von gestern. Hier in Nairobi widme ich mich den wirklich wichtigen Dingen des Lebens: der Philosophie, der Politik, der Ethik und der Kunst. Meine Angestellten erledigen die lästigen Dinge, dezent und zurückhaltend, versteht sich.

Am ersten Morgen eines neuen Lebens sollte man vielleicht nicht gleich zu streng sein. Peter, dessen wichtigste Aufgabe es ist, niemanden aufs Grundstück zu lassen, den ich nicht sehen will, winkt mir zu, lacht und liest dann weiter in meinen beiden Zeitungen. Während ich mir den Kaffee selbst koche, sehe ich, wie Tom, der Gärtner, wild gestikulierend mit Peter über die neuesten Schlagzeilen diskutiert. Ein zweiter Versuch an die Lektüre zu kommen: Beide winken, beide lachen. Ich mag's ja auch nicht, wenn man mir die Zeitung unterm Lesen wegnimmt. Ich mache mir mein Frühstück, während Florence, die Hausangestellte, Tee kocht und Brote schmiert – für Peter und Tom. Nebenbei erklärt sie mir, dass es so nicht weitergehen könne. Ihr Mann und ihr Kind würden ihr fehlen, wenn sie hier arbeitet. Es sei an der Zeit, dass diese mit ihr aufs Grundstück ziehen. Ich beiße in mein Brot, murmele etwas und verschwinde.

»Sie müssen am Anfang sehr streng sein mit ihren Angestellten«, erklärt mir tags darauf ein älterer Diplomat, »sonst tanzen die ihnen auf der Nase rum.« Er kenne sich da aus, schließlich lebe er schon seit 26 Jahren im Ausland. Die Frau eines Kollegen gibt mir und meiner Frau Claudia einen weiteren Rat: »Ihr müsst eure Angestellten testen, ob sie ehrlich sind, nicht klauen.« Wie bitte? »Ja, zählt die Weinflaschen im Haus, die Milch und lasst mal ein bisschen Geld in den Hosentaschen, wenn ihr die Kleidung in die Wäsche gebt. Schaut nach, ob es dann noch da ist.«

Von wegen Weinflaschen zählen. Aber irgendwie, denke ich mir im Laufe des Tages, war schon mal mehr Milch im Haus. Kann es sein, dass wir fünf Liter in zwei Tagen aufgebraucht haben? Für drei Tassen Kaffee und ein bisschen Tee? »Florence, sei doch bitte sparsamer mit der Milch, und pass auf den Zucker auf!« Sie blickt etwas verwirrt. Ich aber denke mir: Streng sein, Besitz wahren und niemanden öffentlich verdächtigen – besser kann das der erfahrenste Diplomat nicht.

Als Tom, der Gärtner, mir am nächsten Morgen im Garten eine Tasse Tee vor die Füße kippt, lacht er wie immer. »Das ist kein Tee, das ist heißes Wasser.« Mein Blick muss ziemlich komisch sein, denn Tom sieht mich an wie ein begriffsstutziges Kind und sagt: »Ihr in Deutschland liebt heißes braunes Wasser. Wir nicht.« Tee sei nur Tee, wenn er zur Hälfte aus Milch bestehe und sehr viel Zucker drin sei. Es wäre also ziemlich wichtig, dass ich sofort Milch besorge. Klar, wer sonst? Von den Angestellten hat ja keiner einen Führerschein.

Als ich mit der Milch zurückkomme, erklärt mir Florence, ich sollte doch gleich mal den Tee für die Angestellten kochen, damit ich wisse, wie diese ihn mögen. Selbstverständlich, sofort. Übrigens, sagt sie dann noch, im Haus gebe es auch kein Fleisch mehr für die Hunde. Also wieder rein ins Auto, zum Metzger. Dass zu diesem Zeitpunkt auch die Karotten, das Brot, der Tee, das Hühnerfutter und die Kartoffeln aus sind, erklärt mir Florence im weiteren Verlauf des Tages. Eine ziemlich effektive Methode, damit ich sie dann doch noch völlig verzweifelt vom anderen Ende Nairobis anrufen kann, um zu fragen, wie ich wieder nach Hause komme.

Seit diesem Ausflug blickt mich Florence immer ein bisschen schief an. Überhaupt beaufsichtigt sie uns, wann immer es geht. Einmal habe ich eine faulige Avocado weggeworfen, es dauerte nicht lange, bis Florence das Ding aus dem Mülleimer gezogen hatte und mir einen Vortrag hielt, dass das so nicht gehe. In Afrika werfe man nichts weg, wo so viele Menschen an Hunger sterben.

Wo sie Recht hat, hat sie Recht. Doch was machen mit der nach Mülleimer stinkenden Avocado? In der Mittagspause schleiche ich mich in den Garten, um die Hunde damit zu füttern. Mittlerweile zupfen wir jedes Mal nach dem Einkaufen die Preisschilder von den Weinflaschen. Nicht, dass wir auch noch einen Vortrag darüber bekommen, wie viele Menschen mit dem rausgeschmissenen Geld ernährt werden könnten.

Aber nicht nur Florence hat immer einen Blick für uns, auch Peter und Tom schenken mir und Claudia ihre ganze Aufmerksamkeit. Hier passiert nichts mehr, was nicht den Vorstellungen des Vatikans entspräche. Ich brauche auch keinen Bademantel mehr. Schon morgens um halb acht, auf dem Weg vom Schlafzimmer in die Küche, sehe ich inzwischen so aus, als sei ich gerade dabei, mich für eine neue Stelle zu bewerben. Und die Kleider wechsle ich auch zweimal täglich – nicht, dass mal ein Stück dabei ist, das zu schmutzig aussieht, wenn Florence es wäscht. Wäre doch nur Francis, unser Nachtwächter, auch so aufmerksam, dann bräuchten wir nicht jede Nacht wachliegen und auf die kleinsten Geräusche reagieren. Erst vor kurzem wurde wieder bei uns im Viertel eingebrochen. Aber Francis, der ungefähr so alt ist wie das Tor, das er bewachen soll, leidet an einer seltsamen Schlafkrankheit. Wann immer der Strom ausfällt – und das passiert ziemlich oft – ist er hellwach, dann klopft er ans Fenster und fordert uns auf, endlich den Notstromgenerator einzuschalten. Wenn nur eine Glühbirne der Nachtbeleuchtung ausfällt, ist er sofort zur Stelle und zeigt mir, wo die Leiter steht, damit ich das Ding auswechseln kann. Wenn aber alle Lichter brennen, wenn das Anwesen hell erleuchtet ist, fällt er in seinen tiefen Schlaf – und wir bewachen das Haus.

Die Macht der Vampire

Über die allgegenwärtige Realität des Hexenglaubens. Eine Spurensuche in Tansania

Also, Hexen sind keine zu sehen. Nur ein alter Mann mit dickem Bauch, zerrissenem Hemd und einem Tuch um die Hüften. Er liegt auf einer Strohmatte, auf der Terrasse seines Hauses, dem einzigen gemauerten in dieser hügeligen Gegend. Ansonsten gibt es hier nur kleine, viereckige Lehmhütten zwischen Palmen, Bananen- und Papayastauden und ein paar verdreckte Kinder, die mit einem Stoffbündel Fußball spielen. Was ich denn wolle, begehrt der Mann zu wissen. Ob ich ihm am Ende seine Geheimnisse stehlen, vielleicht auch noch viel Geld damit machen wolle, so dass ich einen dicken Bauch bekomme und viele Frauen, während er, der sich nicht einmal ein ordentliches Hemd leisten könne, weiter in seiner kleinen Hütte leben müsse? Nein, er will von seinem wertvollen Wissen nicht viel preisgeben, nur ein bisschen, aber dafür will er bezahlt werden.

Muhamed Sultan Kiwingu heißt der Mann. Wie alt er ist, weiß er nicht. Als Berufsbezeichnung gibt er an »traditioneller afrikanischer Arzt« zu sein, seine Kunden hingegen bezeichnen ihn als Hexendoktor. Darüber lacht Kiwingu. »Sagen wir es so: Ich kann Ihnen in allen Lebenslagen helfen.« Und dann gibt er ein paar Rezepte preis: Gegen Malaria nimmt er die Rinde eines Mangobaumes und die Abfälle von Zuckerrohr, das trocknet und zerstampft er und gießt es mit Tee auf. Gegen Tuberkulose hilft Blütenblätterbrei. Und ist jemand verrückt geworden, muss der warten, bis ein anderer Mensch stirbt. Mit dem Wasser der dritten Leichenwäsche kocht er Wurzeln und Rinden, und mit dem Sud wird erst der Kopf, dann die Brust des Verwirrten eingespritzt, danach muss der Patient den Rest trinken. »Schon nach kurzer Zeit kann er wieder klar denken.« Was er aber gegen Hexen macht, will Kiwingu nicht verraten, denn sonst könnten diese ja ein Gegenmittel verwenden. Nur so viel: Er habe einen unsichtbaren Schutzring um das Dorf gezogen. Trete eine Hexe in diesen Ring, könne er sie nackt tanzen sehen. »Glauben Sie mir«, sagt der Arzt, »die ganze Gegend ist voller Hexen. Überall, wo Sie auch hinsehen. Sie wollen mein Geld, meinen Besitz, meine Kinder, meine Frau.«

Doktor Kiwingus Hexenvisionen wären weit befremdlicher gewesen, hätte ich nicht zuvor schon ein paar eigenartige Begegnungen in der nur ein paar Kilometer entfernten tansanischen Küstenmetropole Daressalam erlebt – einer modernen afrikanischen Großstadt mit Wolkenkratzern, vierspurigen Autobahnen, Handyshops und internationalen Banken. Da war zunächst Hassan Nassoro, eine Zufallsbekanntschaft vor einem Internetcafé. Beim Kaffeetrinken kam der 48-jährige Jurist auf seine Schwester zu sprechen. Die sei verrückt geworden. Von einem Tag auf den anderen. Sie habe wirres Zeug geredet und dauernd versucht sich die Kleider vom Leib zu reißen. Die Familie musste sie einsperren und oft auch fesseln. »Ich glaube nicht an Hexerei«, sagte Nassoro, »ich bin Anwalt, ich glaube nur an Beweise.« Aber der Grund für den Zustand seiner Schwester sei ein Mann gewesen, der sie nicht heiraten durfte. Deshalb, so habe dieser ihr gesagt, werde er sie verhexen lassen. »Kurz darauf hat sie den Verstand verloren.«

Die zweite Begegnung fand auf dem Campus der Universität statt. Dort stand James Mgala herum und schaute stundenlang anderen Menschen zu, anderen, die mehr Glück hatten als er. Er habe die Zulassung zum Studium nicht geschafft, sagt er, obwohl er doch ein talentierter Schüler gewesen sei. Der Lehrer sei schuld, der werde von bösen Kräften beherrscht, von Kräften, die ihm, dem 22-jährigen James, die Zukunft zerstört hätten. Und dann erzählte er von Hexen, die unsichtbar auf silbernen Untertellern durch die Nacht fliegen und bei geheimen Treffen die Herzen der Menschen fressen. Das Herz seines Lehrers sei auch von so einer Hexe gefressen worden.

Und als dann auch noch der Hausangestellte einer Geschäftsfrau erzählte, dass er nur noch einmal pro Woche arbeiten dürfe und dass das Verhältnis zu seiner Chefin sich plötzlich furchtbar verschlechtert habe, weil der Nachtwächter mit bösen Mächten im Bunde sei, da war mir klar, dass der Glaube an Hexerei eine Realität in Tansania ist, eine, die im 21. Jahrhundert das Leben der Menschen nicht weniger bestimmt als die Frage, wo sie Essen, Arbeit oder Unterkunft herbekommen sollen. Der Hausangestellte hat mir dann auch seinen Hexenarzt vorgestellt: Doktor Kiwingu.

Nicht nur in Tansania, auch in Südafrika, Kongo, Uganda, Simbabwe oder Kamerun glauben die meisten Afrikaner von bösen Geistern bedroht zu werden. In diesen Ländern gibt es heute noch Gesetze, die Hexerei unter Strafe stellen. In Tansania aber hat die Hexenmanie besonders brutale Konsequenzen. Jedes Jahr werden Hunderte, teilweise auch Tausende Menschen umgebracht, weil ihnen nachgesagt wird Hexen zu sein oder mit Hexen zusammenzuarbeiten. Allein zwischen 1994 und 1998 starben einer Studie des tansanischen Familienministeriums zufolge mehr als fünftausend Menschen bei solchen Jagden, Tendenz steigend. Und der Verband der Medienfrauen berichtet, dass mehr als achtzig Prozent der Opfer ältere Frauen seien und die Täter meist Männer zwischen sechzehn und fünfunddreißig Jahren. Diese würden von der Dorfgemeinschaft oft nicht angezeigt, sondern für die Morde auch noch bezahlt, weil sie eine vermeintlich gute Tat vollbracht hätten.

Will man wissen, warum so viele Menschen an Hexen glauben, muss man Simeon Mesaki besuchen. Selbst an einem späten Sonntagabend findet man ihn schreibend in seinem winzigen Büro an der Universität von Daressalam. Es ist voll gestopft mit Büchern, Akten, Videos und Artikeln zum Thema Hexerei. Seit mehr als zwanzig Jahren forscht er und seine Arbeit macht ihn »oft wütend«. Die wichtigsten Erkenntnisse schildert der Wissenschaftler so: Für einen Großteil der Menschen in Afrika gibt es keinen rationalen Zusammenhang zwischen Ursache und Wirkung. Wenn jemand krank wird, sind daran nicht Bakterien oder Viren schuld, sondern dann war das der Nachbar, der Lehrer oder der Onkel, der mit bösen Mächten kooperiert. Die angeblichen Übeltäter werden meist durch Träume überführt. »Träumt einer, dem gerade ein Unglück widerfahren ist, von seiner Nachbarin, dann ist eben die Nachbarin die Hexe.« Ob Krankheiten, gescheiterte Vertragsabschlüsse, tote Kühe oder eine verdorbene Ernte, alles kann auf Hexerei zurückgeführt werden. Natürlich, sagt Mesaki, seien für diesen Glauben vor allem die schlechte Schulbildung und die mangelnde Aufklärung mitverantwortlich, aber auch Gebildete glaubten an die Existenz von Hexen. »Es ist immer irgendein anderer schuld, einer, der mit bösen Mächten paktiert«, sagt Mesaki, »die wenigsten glauben, dass sie selbst schuld sind, wenn mal etwas schief geht.« So seien in Südtansania gerade zwei Kinder von der Schule verwiesen worden, weil ein Lehrer, der wohl eine Pechsträhne hatte, sie als Hexer verdächtigte. Rund 61 Prozent der Tansanier, das sind fast 20 der 33 Millionen Einwohner, so hat es eine Umfrage der Universität ergeben, haben mindestens schon einmal die Hilfe von vermeintlichen Hexen und Hexenärzten in Anspruch genommen.

Eine Grundvoraussetzung für die weit verbreitet Hexenphobie ist laut Mesaki die Eifersucht und die Missgunst der Menschen. Das sei zwar keine besondere Eigenschaft der Afrikaner, da auch Europäer, Amerikaner und Asiaten eifersüchtig und missgünstig sein könnten, in Afrika aber entfalte dieses Gefühl oftmals zerstörerische Wirkung. Und zwar deshalb: Wenn sich ein Mann in Europa ein schönes Auto kaufe, werde auch dort der Nachbar neidisch. Also kaufe sich der ein noch schöneres, um es dem Nachbarn zu zeigen. Wenn in Afrika aber ein Nachbar auf einmal eine viel bessere Ernte habe als alle anderen, münde dieser Umstand nicht in einen solchen Wettbewerb, da die meisten Menschen glaubten, jeder dürfe nur so viel besitzen, wie es seiner sozialen Stellung entspreche.

»Ein Bauer darf nicht mehr haben als alle anderen Bauern auch.« Kommt also ein Landwirt durch eine gute Ernte zu mehr Geld als die anderen, so die weit verbreitete Überzeugung, habe er mit Hilfe böser Mächte diesen Reichtum von der Gemeinschaft gestohlen – deshalb müsse er gebremst werden. »Bei uns wird geköpft, was zu schnell nach oben schießt«, sagt Mesaki. Das sei auch der Grund, warum viele Menschen, die ihre Dörfer verlassen und in der Stadt zu ein bisschen Geld kommen, ihre Heimat nicht mehr besuchen wollten – aus Angst vor dem Neid und der Rache der Bewohner.

Mesakis Ausführungen kann man sich leicht bestätigen lassen. Bei Doktor Kiwingu. Natürlich sei er als traditioneller Arzt und Dorfchef berechtigt dazu, mehr zu haben als jeder andere Bewohner, sagt er. Ein gemauertes Haus und zwei Lehmhütten gehören ihm, die anderen, sozial niedriger gestellten Männer besitzen nur eine Lehmhütte. Und was würde passieren, wenn sich ein einfacher Landwirt ein schöneres und größeres Haus baue? »Das ist unmöglich«, sagt Kiwingu, »die Bewohner haben doch alle noch weniger Geld als ich.« Und wenn es trotzdem passiert? »Dann ginge das nicht mit rechten Dingen zu.« Und wenn einer aus dem Dorf auch Arzt werden will, einer, der vielleicht studiert hat, mehr weiß und auch billiger ist? »Das geht nicht«, sagt Kiwingu. Er habe diesen Beruf von seinem Vater gelernt und deshalb sei wiederum nur sein Sohn berechtigt dieses Erbe anzutreten. »Jeden anderen Arzt würde ich aus dem Dorf jagen.«

Der Ethnologe David Signer hat im Auftrag des Schweizerischen Nationalfonds drei Jahre lang traditionelle Glaubensvorstellungen in Westafrika untersucht und ist dort genauso oft auf die Angst vor Hexen gestoßen, wie man dies in Tansania erleben kann. Er zog in seiner Studie aber neue, überraschende Schlüsse. In einem Beitrag für die Schweizer *Weltwoche* hat er sie dargestellt, und schon die Überschrift verbindet zwei Bereiche, die bislang kaum ein Wissenschaftler miteinander verbunden hat: »Ökonomie der Hexerei«. Laut Signer gibt es einen für die Entwicklung Afrikas fatalen Zusammenhang zwischen der Hexenfurcht, der Zerstörungskraft des Neides und der daraus resultierenden bremsenden Wirkung für die Gesamtwirtschaft. Besonders anfällig für den Glauben an Hexerei seien nämlich konservative Gesellschaften, wie man sie in den meisten Ländern Afrikas findet, in streng hierarchischen Gesellschaften also, in denen Eigenschaften wie vererbte Führung, Alter oder Geschlecht viel mehr zählen als Leistung, Arbeit oder erlerntes

Wissen. Wer hier Eigeninitiative zeigt und erfolgreicher ist als andere, macht sich ziemlich schnell verdächtig.

Wie das in der Praxis aussieht, sieht man schon an einem kleinen Beispiel, am gescheiterten Studenten James Mgala. Jetzt, nachdem er nicht studieren kann, macht er sich nicht auf die Suche nach einer Arbeit. »Ich kann doch nicht Bauer oder Straßenarbeiter werden«, sagt er. Seine Geschwister würden studieren, sein Vater habe schon studiert, deshalb komme für ihn auch nur ein Studium in Frage. Da dies nicht möglich sei, kümmere sich jetzt sein älterer Bruder um ihn. »Das ist nämlich seine Pflicht. Er gibt mir genug Geld für Essen und wohnen kann ich auch bei ihm.«

Signer nennt dies »vampirische« oder »kannibalische« Sozialbeziehungen, die den Reicheren ausnehmen, ohne dass der Ärmere dabei wirklich aus seiner Armut herauskommt. »In einer Gesellschaft«, schreibt er, »die Erfolg auf Glück, Magie oder die Gunst der Götter zurückführt, ist es nur logisch, dass die Früchte dieses Erfolgs geteilt werden müssen.« Die Vorstellung vom wohlverdienten Besitz sei in afrikanischen Ländern wenig ausgeprägt, jeder, der seinen erarbeiteten Lohn nicht teilen wolle, mache sich verdächtig durch die Hilfe böser Mächte asozial geworden zu sein. Um weiter in Frieden leben zu können, bleibt dem Bruder von James Mgala nichts anderes übrig, als das jüngere, gescheiterte Familienmitglied zu versorgen.

Signer geht sogar so weit, diese vampirische

Sozialbeziehung, in der sich diejenigen, die nichts haben, von denjenigen aushalten lassen, die etwas haben, auf das Verhältnis Afrikas zum Rest der Welt zu übertragen. Da Afrika arm sei und somit in der Rangordnung der Weltmächte viel niedriger stehe als zum Beispiel Europa oder Amerika, erwarteten die Afrikaner, dass sie von den Reichen und Mächtigen versorgt werden. Und da sich die internationale Gemeinschaft mal mehr, mal weniger auf diese Erwartung einlasse, entstehe in Afrika fast keine Eigeninitiative, sich selbst aus dem Schlamassel zu befreien. Deshalb brauche sich die Welt auch nicht zu wundern, dass Afrika heute trotz der vielen Milliarden an Entwicklungshilfe wirtschaftlich schlechter dastehe als vor vierzig Jahren.

Hassan Nassoro, die Zufallsbekanntschaft vor dem Internetcafé, ist aus diesem Teufelskreis ausgebrochen. Früher hat er für die tansanische Regierung gearbeitet. Er hat den ganzen Tag geschuftet, aber am Ende des Monats ist nichts übrig geblieben, weil er sein Gehalt mit der ganzen Familie teilen musste. »Sie können sich gar nicht vorstellen, wie viele Verwandte man haben kann. Wir Afrikaner nennen das die erweiterte Familie.« Er hat gearbeitet und gearbeitet und dennoch blieb ihm genauso wenig wie denjenigen, die von seinem Geld lebten. »Ich hatte keine Chance, etwas zu sparen.« Und was wäre passiert, wenn er nichts abgegeben hätte? »Die hätten mir das Leben zur Hölle gemacht.« Vor achtzehn Jahren hat er dann die Chance bekommen, in Deutschland zu studieren. »Von da an musste ich nur noch den engsten Familienmitgliedern Geld schicken, ich konnte zum ersten Mal etwas zur Seite legen.« Vor kurzem ist er in seine Heimat zurückgekehrt, derzeit sucht er eine kleine Pension an der Küste, die er sich kaufen möchte. »Ich garantiere Ihnen, von meinem Geld bekommt die Verwandtschaft nichts mehr, und wenn doch, dann nur noch auf Kredit.«

Doktor Kiwingu dagegen steckt immer noch in der »vampirischen Sozialbeziehung«, auch wenn er selbst dies natürlich nicht so nennt. Dauernd, so schimpft er, solle er umsonst arbeiten. »Ich weiß doch, dass die Leute hier im Dorf auch ein bisschen Geld haben. Aber die kommen zu mir und sagen, sie hätten nichts, ich, der reiche Chef, soll ihnen kostenlos helfen.« Er sei es leid, dauernd von seinen Nachbarn ausgenommen zu werden.

Draußen, vor der Terrasse, wartet schon eine neue Kundin. Ihr Problem sei, sagt sie, dass sie seit einiger Zeit Unglück habe. »Nichts klappt, was ich mir vornehme.« Doktor Kiwingu stellt ihr ein Pulver aus zermalmten Ästen und Blüten zusammen, mit dem sie sich die Pechsträhne abwaschen soll, und fordert die junge Frau auf, umgerechnet sieben Euro dafür zu zahlen. Und dann schimpft er weiter auf die angeblich so gierigen Dorfbewohner – was die Kundin ziemlich amüsiert. Deshalb erzählt sie einen Witz, der aus Äthiopien stammt, aber auch in anderen Ländern Afrikas bekannt ist: Einem armen Bauern erscheint ein guter Geist. Einen Wunsch habe er frei, sagt der Geist, »und alles, was du dir wünscht, bekommt auch dein Nachbar, und zwar doppelt«. Der Bauer überlegt eine Weile, schließlich weiß er, was er will: »Reiß mir ein Auge aus.«

Es war einmal in Kenia

Caroline Link verfilmt Stefanie Zweigs Exilgeschichte »Nirgendwo in Afrika«

Morgens um halb zehn in Kenia. Krüppel schleifen sich über den Bahnsteig, Hühner gackern, Händler lärmen, Züge dampfen, Ziegen meckern, Kofferträger ächzen und Taschendiebe, Schaffner und Reisende rempeln. Zwischendrin in all dem Geschrei, Gestank, Gebrodel und Gezerre ist dieser Blick. Er geht von links nach rechts, dann wieder nach links und noch einmal nach rechts. Das ist also Nairobi, sagt der Blick, die Hauptstadt der fremden, der lebensrettenden Welt. Mein Gott, wie entsetzlich.

Kenia 1938. Jettel Redlich hat 7000 Kilometer hinter sich. Ihre Gedanken sind in Breslau, ihr Körper ist in Ostafrika. Aber das ist beim Aussteigen auf dem Bahnhof von Nairobi nicht wichtig. Sie ist dem Nazi-Terror entkommen. Sie lebt. So wie ihr Mann Walter und ihre Tochter Regina. Der Rest der Familie ist in Europa zurückgeblieben, und dies wird sich für die Verwandten als tödlicher Fehler erweisen.

Stefanie Zweig hat ihr Exil-Schicksal aufgeschrieben. Sie musste 1938 als Kind mit ihren Eltern nach Kenia fliehen. »Nirgendwo in Afrika« heißt das Buch, das sich zwar in Deutschland hervorragend verkauft hat, aber sicherlich nicht preisverdächtig für außergewöhnliche Selbstkritik ist. Zu sehr verklärt die Autorin ihre eigene Kindheit, ihr heldenhaftes Aufwachsen in einer völlig fremden, afrikanischen Welt. Dennoch beantwortet der Roman eine existenzielle Frage: Wie geht es jemandem, der dem Tod entkommt und dafür in Kauf nehmen muss, ein neues Leben ohne jeglichen Halt zu beginnen? Im Norden Kenias, wo es die Familie Redlich hinverschlägt, sind die Menschen so abweisend und spröde wie das von der Sonne gemarterte Land.

Morgens um elf in Nairobi. Caroline Link hat am 52. Drehtag immer noch gute Laune. Sie dirigiert die Massen am Bahnsteig wieder zurück in die Grundposition, erklärt der Hauptdarstellerin Juliane Köhler, dass sie beim Aussteigen aus dem Zug noch ein bisschen verwirrter blicken soll, und fragt Lea Kurka, die die Tochter Regina spielt, ob sie denn bei der Szene vorhin auch wirklich ihre Puppe unter den Arm geklemmt hatte.

Caroline Link dreht ihren dritten Kinofilm. Nach »Jenseits der Stille« und »Pünktchen und Anton« hat sie sich auf ihr größtes Abenteuer eingelassen. Sie filmt in Afrika. Das glaubt sie irgendwie selbst noch nicht. Jetzt, nach drei Monaten Drehzeit, wo fast alles vorbei ist. Es hat – und das ist wirklich erstaunlich – alles geklappt. Und das in Kenia, einem Dritte-Welt-Land, das berühmt dafür ist, dass die Telefone nicht funktionieren, es an den meisten Orten außerhalb der Touristenstädte keinen Strom gibt, Abmachungen nicht eingehalten werden, die Beamten so korrupt sind, dass es selbst für afrikanische Verhältnisse frivol ist, und die meisten Straßen auf dem Land so aussehen, als seien sie gerade durch die Sprengung eines Felsmassivs entstanden.

Bittet man die Regisseurin zum Interview, erzählt sie, dass sie aus dem Zweig-Roman nur wenige Aspekte genommen und daraus ihr ganz eigenes Drehbuch gemacht habe. Diesmal stehe keine Geschichte im Vordergrund, in der die Kinder die besseren Erwachsenen seien, sagt sie, sondern die Entwicklung der Eltern. Vor allem die der Jettel, »die als verzogene Tochter aus gutem Hause ankommt und in Kenia zur erwachsenen Frau wird«. Aber eigentlich, und das wird schon nach zehn Minuten klar, drängt es Caroline Link viel mehr, darüber zu erzählen, wie es ihr und dem Filmteam in diesem Entwicklungsland ergangen ist, welche »unglaublichen«, »nervenzerreibenden« und »wunderschönen« Erlebnisse es gab.

Um die Leistung von Caroline Link und ihrem Produzenten Peter Herrmann richtig würdigen zu können und einzuschätzen, was es bedeutet, dass dieser Film wirklich anlaufen konnte, ist es zunächst wichtig zu wissen, dass seit Jahren kein größerer ausländischer Kinofilm mehr in Kenia gedreht wurde. All die romantischen Savannen-Bilder, die es zum Beispiel in »Ich träumte von Afrika« mit Kim Basinger zu sehen gibt, stammen aus Südafrika – obwohl der Film vorgibt in Kenia zu spielen. In Südafrika funktionieren die Telefone, die Landschaften sind schön, die Straßen sind asphaltiert, und all die bürokratischen Vorschriften sind nichts im Vergleich zu Ostafrika. Auch

Link und Herrmann haben damit spekuliert, den Film im Süden des Kontinents zu drehen. Der entscheidende Auslöser für Kenia aber war, so die Regisseurin, dass sich alle einig waren, keinen Zulu dafür hernehmen zu wollen, einen Luo vom Victoriasee zu mimen. Außerdem findet man nur in Norden Kenias die karge, lebensfeindliche Landschaft, bei der jeder Zuschauer versteht, dass die jüdische Emigrantenfamilie mit ihrem Schicksal hadert. »Jeder, der die hübsche Gegend in Südafrika sieht, würde sich fragen, warum die Redlichs da wieder wegwollten.«

Also Kenia. »Als wir sagten, wir wollen eventuell hier drehen«, erzählt Caroline Link, »gab es lauter Versprechungen von den kenianischen Mitarbeitern und den Behörden. Als sie dann auf einmal wussten, dass wir wirklich kommen, war alles gleich dreimal so teuer wie ursprünglich gefordert und keine Abmachung wurde eingehalten.« Sie drehten trotzdem. Über Wochen hinweg lebten sie in einem Zeltlager in der Nähe von Mukutani, einem Dorf, in dem es weder Strom noch fließendes Wasser noch Telefon gab. Zumindest das Telefon wurde dann doch noch mit drei Leitungen installiert, immerhin eine davon habe des Öfteren funktioniert. Der Apparat war an einem Baum festgebunden.

Natürlich haben alle Mitglieder der Filmcrew, die noch nie in einem solchen Land gewesen waren, einen Kulturschock erlebt. Schon in Nairobi, der Hauptstadt, die in weiten Teilen aus Slums besteht, in denen die Menschen zu zehnt oder zwölft in Blech- oder Holzhütten ohne Toiletten,

Strom oder Wasser hausen. Im Norden aber, in Mukutani, machten sie eine Zeitreise. Dort nämlich leben die Menschen in Lehm- oder Strohhütten, zelebrieren immer noch ihre uralten Rituale und besitzen nichts außer ihren Kleidern am Leib und die vom Hunger ausgezehrten Tiere. »Jedes T-Shirt, jede Uhr, jeder Walkman zeigt unseren unglaublichen Reichtum«, sagt Caroline Link. Und deshalb hat es Begegnungen gegeben, die beide Seiten sprachlos machten.

Zum Beispiel die Dorfbewohner, die als Entschädigung für die Dreharbeiten endlich eine Straße in ihren Ort haben wollten, die die Crew auch bauen ließ. Oder der Überfall auf zwei Schauspielerinnen in einem kenianischen Hotel, der alle furchtbar erschreckt hat und der bis heute rätselhaft ist, weil nichts gestohlen wurde. Oder der kenianische Hauptdarsteller Sidede Onyulo, von dem anfangs nur bekannt war, dass es ihn gibt, bloß wo er lebt, wusste keiner. Sie haben ihn schließlich gefunden, am Victoriasee, als er gerade auf seine Kinder aufgepasst hat.

Das »beste Erlebnis meines Lebens« aber, wie Caroline Link es nennt, war die Nacht, die sie mit sieben Mädchen vom Volk der Pokot in einem Hotelzimmer verbracht hat. Die Übernachtung war nicht beabsichtigt, ein plötzlicher Regen machte die Rückkehr ins Dorf unmöglich. »Die hatten noch nie etwas anderes gesehen als ihren Ort«, erzählt die Regisseurin, »die wussten nicht, wie man eine Toilette benutzt, sie haben sich auf die Schüssel gekniet oder sich dort gewaschen, weil sie das Wasser sahen.« Geschlafen hat in dieser Nacht auch niemand. Weil es Lichtschalter gab und die Mädchen auch nach dem hundertsten Mal noch fasziniert waren, dass man durch Draufdrücken die Lampen ein- oder ausschalten konnte. »Ich dachte nicht«, so Caroline Link, »dass es noch Menschen gibt, die nicht wissen, was eine Toilette, eine Dusche oder was Strom ist.«

Nachmittags um zwei auf dem Bahnsteig von Nairobi. Matthias Habich, der den Emigranten Süskind spielt, kommt zu seinem letzten Drehtag. Er freut sich, dass endlich alles vorbei ist, das sieht man ihm an, auch wenn er der Regisseurin den Vorschlag macht, doch gleich noch einen zweiten Teil zu drehen – diesmal mit ihm in der Hauptrolle. Der Mann ist 61 und einer der erfahrensten Schauspieler im Team. Das erzählt er auch gerne, schließlich habe er doch schon in Äthiopien gedreht, damals, als noch Bürgerkrieg war. »Egal, wie der Film ankommt«, sagt er aber dann zu Caroline Link, »eines ist sicher: In ein paar Jahren wird sich unser Team wie alte Veteranen treffen und sagen: Mensch, weißt du noch, damals, in Kenia. Das war vielleicht ein Abenteuer.«

Autopanne mit Blick auf den Kilimandscharo

Unterwegs Richtung Amboseli-Nationalpark

Der Anruf gestern Abend musste einfach sein – auch wenn er ein kleines Vermögen gekostet hat. Nur mal kurz von Nairobi aus in München nachfragen, was denn der Freund an diesem Wochenende so mache. Das Wetter sei super, sagte der, vielleicht gehe er in den Biergarten, vielleicht werde er an der Isar grillen, oder vielleicht fährt er mit der Freundin an den Starnberger See. »Mal schauen, das Übliche halt.« Wie schön, sagte ich, und wurde langsam ungeduldig, weil er sich mit der Gegenfrage gar so lange Zeit ließ. »Und ihr?«, hörte ich endlich, um dann noch ein paar Sekunden mit der Antwort zu warten. »Och, wohl auch das Übliche. In den Amboseli-Nationalpark fahren, ein paar Elefanten, Löwen, Giraffen und Nilpferden zusehen, und abends, beim Sonnenuntergang, gibt's ein kühles Bier mit Blick auf Massai-Dörfer und den Kilimandscharo.« Danach herrschte Stille. Mindestens eine halbe Minute. Mein Freund sagte nur noch: »Ihr miesen Säcke, hoffentlich fressen euch die Hippos.«

Es ist nun mal so: Es gibt nichts Schöneres als den Neid der Freunde, vor allem, wenn ich in Ostafrika lebe und sie in Europa. Und so schmunzeln meine Frau Claudia und ich auch jetzt, weil wir uns vorstellen, dass in München jemand an der Isar sitzt und seine Würste vor Wut verkohlen lässt. Gerade haben wir die Stadtgrenze von Nairobi hinter uns gelassen und schon sehen wir die ersten Giraffen, Gnus und Zebras unter Schirmakazien grasen. Bei Athi River geht's rechts ab, Richtung tansanischer Grenze. An dieser Abzweigung kann man die berühmten Ngong-Berge sehen. Karen Blixen hat sie in den ersten Zeilen von »Jenseits von Afrika« verewigt, weil sie ihre Farm am Fuß dieser Hügelkette hatte. Und eine kenianische Sage erzählt, dass diese grünen, runden Kuppen die Knöchel einer Faust seien. Ein Riese sei hier gestolpert und in der Erde versunken, nur die Knöchel, die Ngong eben, seien heute noch zu sehen.

Claudia interessiert sich im Moment aber nicht für Sagen. »Hast du eigentlich die Geschichte mit dem Mädchen und dem Krokodil in Athi River gelesen?«, unterbricht sie mich und wundert sich, dass ich schon wieder einmal die wichtigsten Nachrichten übersehen habe. Eine Zwölfjährige, das berichteten die Tageszeitungen *Daily Nation* und *Standard,* hat am Athi-Fluss Wasser geholt und ist dabei von einem Krokodil angegriffen worden. Dass es diese Tiere hier gibt, ist bekannt, aber dass sie Menschen fressen, kommt zumindest in Nairobi und der näheren Umgebung relativ selten vor. Das Mädchen steckte also quer im Maul des Krokodils und schrie vergeblich um Hilfe. Keiner der umstehenden Männer und Frauen wollte eingreifen, nicht zuletzt, weil das Tier laut Zeitungen mindestens drei Meter lang war. Als es schon so aussah, als wäre alles zu spät, bäumte sich das Mädchen auf und prügelte auf das Auge des Krokodils ein. Das half zwar zunächst auch nichts, aber als die Kleine in schierer Todesangst und Verzweiflung ihm auch noch in den Augapfel biss, öffnete sich plötzlich das Maul und das Mädchen war frei.

Eine unglaubliche Geschichte, fast so unglaublich wie die Landschaft, durch die wir gerade fahren. Je weiter wir uns von Nairobi entfernen, desto spektakulärer wird sie. Es ist außer uns fast niemand unterwegs, ein, zwei Lastwagen und ein paar Minibusse sind uns in den vergangenen zwei Stunden entgegengekommen. Von fast überall aus hat man diesen enorm weiten Blick auf hohe, blau-schimmernde Berge und tiefe grüne Täler voller gelber Fieberbäume. Und überall leuchtet dieser rote Boden, so rot, wie man es in Europa nur im Malkasten findet. Es geht vorbei an Lehm- und Strohhütten und an kleinen Weilern mit knallgelben oder azurblauen »Hotels«. Das sind kleine Bars, in denen sich die Fernfahrer erfrischen können. Aber was heißt schon erfrischen. Hier gibt es fast nirgends Strom, kein Telefon, nur warmes Soda, warmes Bier, viel Staub und rot gekleidete Massai mit Armbanduhren und Nike-Stiefeln. Und natürlich diesen netten Wirt der »Traveller's Pause«, der uns nun empfiehlt, sein nahezu heißes Cola zu trinken, kaltes sei eh nicht gut für den Magen. Und dann erzählt er noch, dass sein Dorf schon längst Strom haben sollte. Regelmäßig vor Wahlen habe die Regierungspartei dies versprochen. Lastwagen seien vorgefahren und hätten die Strommasten ausgeladen. Und obwohl er für die Regierenden gestimmt habe, seien die Lastwagen nach der Wahl wieder gekommen und hätten die Pfosten wieder abgeholt.

Es geht weiter, und während der Fahrt muss ich an den Sprecher der kenianischen Stromwerke denken. Richard Macharia heißt er, und er sagte mir mal, dass selbst die Bewohner abgelegener Dörfer, die einen Stromanschluss bekommen, nicht lange Freude daran hätten. Denn zum einen hängen die Kabel oft so tief, dass sie von Giraffen immer wieder umgerissen werden, zum anderen sei Brandrodung auf dem Land sehr beliebt – mit dem Ergebnis, dass auch die hölzernen Strommasten abgefackelt werden.

In Namanga, der Grenzstadt zu Tansania, bleiben wir auf der kenianischen Seite, nun müssen wir nur noch siebzig Kilometer Schotterpiste hinter uns bringen, dann sind wir im Nationalpark, in der schönsten Lodge des Amboseli, dem Serena. Nach gut zwanzig Kilometern aber blinkt das rote Warnlicht des Range Rovers. Es ist wirklich ein tolles Auto, wir haben es von unserem Vorgänger bekommen, und der lobte nicht nur den BMW-Motor und dessen kraftvolles Brummen, sondern auch noch die soundsovielen Zylinder. Aber was nützen mir diese Dinger, wenn das Auto kocht? Dampf steigt aus der Motorhaube, das Warnlicht blinkt jetzt wie verrückt – und Claudia und ich sehen uns mit der Gewissheit an, dass wir lediglich eine letzte warme Cola im Gepäck haben, um den Range Rover zu kühlen. Wo ist die nächste Tankstelle? Hier mitten in der afrikanischen Savanne? Ein paar Massai-Mädchen beobachten uns aus der Ferne und rennen erschrocken weg, als wir uns nähern. Dabei wollten wir nur fragen, wo die nächste Wasserstelle ist.

Es ist heiß, es ist staubig, der Motor kocht, und weit und breit sind keine Lebewesen zu sehen – außer dieser Gruppe Giraffen, die nahe an uns vorbeiläuft. Was Claudia dazu bringt, noch so eine komische Geschichte zu erzählen, auch diese ist in den kenianischen Zeitungen ausführlich dargestellt worden. Vor einiger Zeit fanden Wildhüter einen toten Kollegen im Tsavo-Nationalpark. Zunächst dachte man an einen Raubüberfall, das kommt häufig vor, zumal es ja auch Monatsende war und die Löhne gerade ausbezahlt worden waren. Der Mann war übel zugerichtet worden, doch was die Polizei und die Kollegen am meisten verwunderte: Er hatte sein Gehalt noch in der Tasche. Kurz darauf wurde ein zweiter Wildhüter schwer verletzt gefunden, und der konnte zumindest aussagen, dass der Angreifer eine Giraffe war. Das Killer-Tier wurde tags darauf gesichtet, doch es ergriff die Flucht. Es rannte und rannte und die Parkwächter fuhren mit den Jeeps hinterher – bis die Giraffe in der Falle war. Auf einem Felsvorsprung konnte sie ihren Verfolgern nicht mehr entkommen. Aber so, als ob das Tier ahnte, dass es von den Wildhütern erschossen werden würde, ergriff es selbst die Initiative und sprang die Klippen hinab in den Tod.

Es ist immer noch heiß, es ist immer noch staubig, aber zumindest ist das Auto schon etwas abgekühlt. Gibt es hier eigentlich Löwen? Oder

Leoparden? Oder Killer-Giraffen? Ich setze mich lieber mal in den Range Rover – auch wenn es drinnen noch heißer ist. Nach einer kleinen Ewigkeit kommt endlich ein Fahrzeug vorbei. Ein Touristenbus, voll mit japanischen Urlaubern, und er hält auch noch. »Wir brauchen Wasser, so viel Wasser wie möglich«, schreien wir. Und die Asiaten lächeln und geben uns Dutzende von Trinkwasserflaschen – sie haben es ja nicht mehr weit zu ihrer Lodge.

Auch wir sind, nachdem das Auto endlich wieder fährt und auch kein Warnlicht mehr blinkt, auf dem Weg zum Serena. Kurz vor Sonnenuntergang erreichen wir den Eingang des Parks. Zwar ist der Amboseli so trocken, dass wir eine riesige weiße Staubfahne hinter unserem Auto herziehen, aber kurz vor der Lodge müssen wir eine Brücke passieren, eine, die komischerweise komplett unter Wasser steht. Davor und dahinter ist tiefer schwarzer Schlamm. Also außen herum? Links oder rechts? Oder gleich zurück und einen anderen Weg suchen? »Stell dich nicht so an«, sagt Claudia, »wir haben einen Geländewagen, da wirst du doch durch dieses Pfützchen kommen.« Also gut, rechts. Die ersten paar Meter gehen gut, doch dann drehen die Reifen durch. Ich gebe Gas, sie drehen weiter durch. Ich gebe noch mehr Gas, sie drehen noch mehr durch. Und als sich das Auto keinen Millimeter mehr nach vorne bewegt, versinkt es langsam, ganz langsam im schwarzen Schlamm. »Verdammt«, schreie ich, »wir müssen raus!« Worauf Claudia sagt, ich soll nicht so panisch sein. »Ich bin nicht panisch«, schreie ich, »wir versinken nur gerade auf Nimmerwiedersehen!« Trotz der Aufregung, trotz der – jawohl, zugegeben – Panik, schießen mir die Worte meines Freundes in den Kopf. »Ihr miesen Säcke, hoffentlich fressen euch die Hippos.« Oder die Löwen. Oder die Killer-Giraffen. Oder die Krokodile. Das ist jetzt auch schon egal. Wobei sich die Frage aufdrängt, was angenehmer ist: Gefressen werden oder im Schlamm versinken? »Wie wäre es, wenn du endlich den Geländegang einlegen würdest?«, fragt Claudia und grinst trotz der Tatsache, dass das Auto weiter sinkt, langsam zwar, ganz langsam, aber es sinkt. Und außerdem ist es schon dunkel geworden, der Kilimandscharo ist nicht einmal mehr schemenhaft zu erkennen. Trotz ihres Vorschlags weiß allerdings auch Claudia nicht, wie man den Geländegang einlegt. Wir suchen hektisch nach der Betriebsanleitung. Ein paar Zeilen gelesen, mit voller Wucht den Hebel umgelegt, und dann den Rückwärtsgang rein. Die Reifen drehen durch, aber das Auto bewegt sich, ein wenig zwar nur, aber es bewegt sich. Und als wir endlich wieder auf festem Grund sind, als wir in der Dunkelheit einen riesigen Umweg zur Serena-Lodge gefunden haben, fragt mich Claudia, ob ich die Geschichte mit der Löwin und den Gazellenbabys kenne.

Nein! Keine weitere Tiergeschichte! Zum Glück kenne ich sie ausnahmsweise ohnehin. Sie hat weltweit Schlagzeilen gemacht. Im Samburu-Nationalpark gibt es eine Löwin, die Gazellenbabys adoptiert und aufzieht. Wobei Adoptieren die Sache nicht ganz trifft. Die Löwin klaut sie den

Gazellenmüttern. Und da sich diese nicht trauen ihren natürlichen Feind herauszufordern, sehen sie diesem komischen Treiben immer nur aus einer gewissen Distanz zu. Einige Kenianer sagen, dieses unnatürliche Verhalten der Löwin sei ein eindeutiger Beweis dafür, dass die Welt aus den Fugen geraten ist.

Wer möchte dem widersprechen? Zumindest unser Wochenende ist komplett aus den Fugen geraten. Wir haben – zum Glück – weder Elefanten, noch Krokodile, noch Killer-Giraffen, noch Löwen, noch Hippos gesehen. Es gibt jetzt mitten in der Nacht auch kein kühles Bier mehr in der Serena-Lodge, und Massai-Dörfer interessieren mich auch nicht mehr. Aber zumindest gibt es ein Luxusbett und eine Luxusdusche.

Am nächsten Morgen recken alle Touristen beim Frühstück ihre Hälse, um den grandiosen Ausblick auf den wolkenfreien, schneebedeckten Kilimandscharo noch besser genießen zu können – nur ich bin die meiste Zeit gebückt. Zwei platte Reifen müssen gewechselt werden, dann, nachdem auch noch ein kleines Loch im Kühler geflickt ist, geht's zurück nach Nairobi. Schon kurz hinter dem Serena, an der Brücke, steckt ein weißer Suzuki-Jeep bis weit über die Radkästen im Schlamm, und weit und breit ist kein Mensch zu sehen. Wir fahren schweigend weiter und rätseln: Sind die Insassen mitten in der Nacht zu Fuß zur Serena-Lodge gelaufen? Während die meisten Raubtiere jagen? Und: Hatten die Insassen Glück? Oder gibt's die nächsten Tage wieder eine neue Tiergeschichte in den Zeitungen?

Die Sache mit den Kondomen und den Bananen

In Uganda kämpft das bislang einzige Aufklärungsradio in Zentralafrika gegen das Verschweigen der Aids-Katastrophe

Die Frau sollte leiser reden, viel leiser. Die anderen Gäste im Restaurant starren sie schon an. Mit kurzem Rock sitzt Victoria Nalugwa da, mit engem, tief ausgeschnittenem Body und grell geschminkten Lippen. Sie erzählt von ungewollten Schwangerschaften, von Menstruation, Selbstbefriedigung und davon, dass in Afrika immer noch die Männer das Sexualleben der Frauen bestimmten: »Die legen fest, wann jemand beschnitten wird, die gehen mit zum Frauenarzt und sagen ihm, da oder dort tut es meiner Gattin weh. Und die bestimmen, wann mit einer Frau ins Bett gegangen wird und ob ein Kondom benutzt wird. Als ob wir nicht selbst reden könnten.« Dann schüttelt die junge Frau den Kopf, so dass die blondierten Rastazöpfe beinahe die Gläser auf dem Tisch umwerfen. »Ich weiß, dass mich die Leute anstarren«, sagt sie, »aber erst, wenn sie damit aufhören, wird es mit uns bergauf gehen.«

Victoria Nalugwa rebelliert selbst noch beim Abendessen: gegen alle, die sie so ansehen, als sei sie eine Prostituierte, gegen falsche Schamgefühle und veraltete Traditionen. Vor allem aber kämpft sie gegen das Schweigen. Gegen die Tatsache, dass sich in ihrer Heimat, in Ugandas Hauptstadt Kampala, aber auch in Kenia, Tansania, Ruanda oder Burundi die Menschen immer noch empören, wenn jemand öffentlich über Sex spricht. Dieses Thema ist tabu. Es herrscht, wie Victoria Nalugwa sagt, »tödliches Schweigen«.

Victoria Nalugwa jedenfalls spricht dauernd über Sex. Das ist ihr Beruf. Sie ist die Produzentin von »Straight Talk«, der ersten und bislang einzigen Aufklärungssendung in Ost- und Zentralafrika. Dreißig Minuten dauert das Radioprogramm, das man wöchentlich fast in ganz Uganda hören kann. Es wird auf Englisch und in der Nationalsprache Luo gesendet – und es ist in dieser Gegend eine Sensation. Denn in Ost- und Zentralafrika gelten bereits nackte Brüste als unerlaubte Pornografie. Die meisten Frauen laufen mit langen Röcken und weiten Blusen durch die Straßen. Sexualaufklärung an Schulen ist verboten oder zumindest umstritten. Und Kondome gelten als verwerflich. Diese Dinger, so die herrschende Meinung, brauchen nur Ehebrecher oder unmoralische Menschen. Selbst Frauenärzte warnen: Die Gummis seien Tüten des Teufels und verursachten Hautkrankheiten oder Ausschläge.

Victoria Nalugwa schreibt für »Straight Talk« Moderationen wie: »Benutze ein Kondom. Verwende keine Vaseline, wirf die Latexhülle nach dem Gebrauch in die Toilette oder verbrenne sie, so dass keine Kinder damit spielen. Und erinnere dich daran: Beide Partner sind für den Einsatz des Kondoms verantwortlich.« Ein anderes Mal lässt sie verkünden, dass es falsch sei, was viele Männer glauben: dass man von Aids geheilt werde, wenn man mit einer Jungfrau schläft. Victoria Nalugwa ist 25 Jahre alt. Und sie sagt: »Ich möchte mit meiner Arbeit Leben retten. Ich spreche über Sex, weil es dabei nie nur um Sex geht, sondern immer auch um Aids.«

Aids: Diese Seuche wütet in Afrika wie sonst nirgends auf der Welt. Allein in Kenia sterben täglich fünfhundert Kinder und Erwachsene daran. Ganze Generationen sind durch die Immunschwächekrankheit vom Aussterben bedroht. Und doch reden die Menschen nicht darüber. Wenn ein Erwachsener stirbt, dann an Lungenentzündung, Hautkrebs oder einer Infektion – aber nie an Aids.

Die Suche nach jemandem wie Victoria Nalugwa hat lange gedauert. Selbst Prostituierte lehnen es ab, über Sex zu reden. Doch Victoria Nalugwa ist eine Frau, die sich über die Schamgefühle der Menschen in Ostafrika hinwegsetzt und die ihre Arbeit macht, obwohl ihr Freunde, Verwandte und vor allem ihre Mutter täglich Vorwürfe deswegen machen. Sie fordert in ihrem Programm immer wieder die Teenager dazu auf, so lange wie möglich abstinent zu sein und auf »Mr. oder Mrs. Richtig« zu warten. Trotzdem wird ihr vorgeworfen, sie fördere ein ausschweifendes Sexualleben und untergrabe die Moral der Jugendlichen. »Alle haben Angst. Deshalb halten sie an den Traditionen fest. Über Sex, Aids und Aufklärung zu reden, das ist für die meisten etwas, das aus dem Westen kommt«, sagt sie, »und dass die Menschen dort dekadent sind, glauben hier wirklich viele.«

Victoria Nalugwa referiert ohne Probleme über die Nachteile von Oralsex in den Zeiten von Aids – obwohl sie eine überzeugte Christin ist, eine, die jeden Sonntag in die Kirche geht und schlecht schläft, wenn sie der Pastor für ihre kurzen Röcke tadelt. Das Überraschendste aber ist, dass die Aufklärerin noch Jungfrau ist – aus Angst. Zwanzig Verwandte hat sie in den vergangenen zehn Jahren verloren. »Erst den Onkel, dann den Bruder, dann den Cousin. Die starben wie die Fliegen.« Es gibt in Uganda keine Familie mehr, die keinen Aidstoten zu beklagen hat. Tausende von Kindern ziehen alleine ihre jüngeren Geschwister auf – weil es keine Großeltern, keine Eltern, keine Onkel oder Tanten mehr gibt. Und so schaut sich Victoria Nalugwa zwar, wenn sie nächtelang in Diskos tanzt, »hübsche Typen an«. Aber: »Mehr als anfassen durfte mich noch keiner.« Es folgt eine Pause. »Ich weiß, das glaubt mir niemand. Aber ich habe furchtbare Angst. Was ist, wenn das mit diesen Kondomen gar nicht funktioniert? Wenn gerade ich es bin, bei der so ein Ding platzt? Das ist das Todesurteil.« Sie habe gesehen, wie ihre Verwandten krepiert sind: wie ihre Körper immer ausgezehrter wurden, wie ihre Haut aufplatzte und ihre Lungen sich entzündeten. Auf der Straße zählt sie manchmal Menschen: »Ich stelle mir vor, dass jeder Fünfte an Aids stirbt, mal jeder Zehnte – je nachdem, in welcher Stimmung ich bin.«

Da sterben ganze Bevölkerungsschichten weg und doch redet fast keiner darüber. Warum? »Sex hat für uns alle etwas mit Gott zu tun, mit Schöpfung, Religion und Mystik«, sagt Soziologieprofessor Edward Oyugi, der die Völker rund um den Victoriasee studiert. Über so existenzielle Dinge spreche man nicht öffentlich. Vor zehn, zwanzig Jahren sei es nicht nötig gewesen, offen über Sex zu sprechen. »Ich wurde von meiner Oma aufgeklärt«, sagt der 59-Jährige. Das sei immer schon die Rolle der alten Frauen gewesen. »Die sind sexuell nicht mehr aktiv, die können das von einer moralisch sauberen Warte aus machen.« Doch dieses Aufklärungssystem ist zusammengebrochen, weil viele Jugendliche in die Städte ziehen, um Arbeit zu finden.

Und dann sind da noch die Kirchen. In Ost- und Zentralafrika glauben achtzig bis neunzig Prozent der Menschen an Jesus Christus, an die Bibel und an Gott. Mitte des 19. Jahrhunderts tauchten hier die ersten Missionare auf – und ihre Arbeit wirkt bis heute nach. An wenigen Plätzen der Erde gibt es so viele praktizierende Christen, nirgendwo sonst kann man so viele Freikirchen und Sekten finden. Und sie alle haben eines gemeinsam: »Die Kirchen sind oft die Einzigen, die sich um die Leute kümmern«, sagt Nalugwa, »sie bauen Schulen, geben den Menschen eine Gemeinschaft, besorgen Essen und Strom und vermitteln auch dem Ärmsten, dass er etwas Besonderes ist.«

Doch in Sachen Aids versagen die Kirchen. Sie wissen einfach nicht, wie sie reagieren sollen, und tragen durch ihr Schweigen dazu bei, dass sich die Immunschwächekrankheit weiter ausbreitet. »Wie sollen die Pastoren auch Safer Sex predigen«, sagt Nalugwa, »das widerspricht doch der Bibel. Wenn man predigt, dass man Geschlechtsverkehr nur mit dem Ehepartner und zum Zweck der Fortpflanzung haben soll, kann man schwer für Kondome werben.« Als vor kurzem die Nichte des Pastors an Aids starb, seien alle entsetzt gewesen, sagt Nalugwa. Sie konnten nicht glauben, dass so etwas auch in der Pastorenfamilie passieren kann. Diese Menschen, sagt Nalugwa, müssten aufgeklärt werden.

Victoria Nalugwa war nicht immer so selbstbewusst. Bevor sie bei »Straight Talk« angefangen hat, wusste sie über Sex genauso wenig wie jeder andere Jugendliche in Uganda. Deshalb gab es mit ihrem neuen Job zunächst auch Probleme. Die begannen, als nach der ersten Sendung Briefe mit Fragen kamen. »Dass man von Zungenküssen nicht schwanger werden kann, wusste ich ja noch«, sagt sie, aber als eine Hörerin wissen wollte, warum das eine Mädchen schwanger werde, wenn es zum ersten Mal Sex habe, ein anderes aber nicht, musste sie passen. »Ich hatte keine Ahnung. Ich dachte damals noch, dass Aids auch durch Mückenstiche übertragen werden kann.«

Alles, was sie bis zu diesem Zeitpunkt über Sex wusste, hatte sie sich in stark zensierten Liebesromanen angelesen. Selbst in den drei Jahren, die sie in Amerika studierte und bei der britischen BBC arbeitete, hat sie sich mit diesem Thema nicht weiter beschäftigt. »Alle paar Meter gibt es da Sexshops, das fand ich extrem eklig.« Und es waren nicht nur die Fragen der Hörer, die ihr zu schaffen machten, auch die Sprache war ein

Schock für sie. Plötzlich musste sie Manuskripte schreiben, in denen Ausdrücke wie Penis oder Sperma vorkamen. »Ich habe mich furchtbar geschämt und war kurz davor, alles hinzuschmeißen.«

Heute hat Victoria Nalugwa keine Probleme mehr mit ihrer Arbeit. Sie hat verstanden, dass sie mit ihrer Aufklärung Menschenleben retten kann, denn durch Aufklärung wächst das Selbstbewusstsein. »Wenn ich mir um meinen Körper Gedanken mache, dann sorge ich mich auch um mein Leben und darum, wer darüber bestimmt.« Deshalb sei sie ein Fan von Ugandas Präsident Yoweri Museveni. Museveni gilt zumindest in der Aidsaufklärung als ein Vorbild. Hat er doch Anfang der neunziger Jahre sofort reagiert, als sein Land eine der höchsten Infektionsraten der Welt hatte und jeder fünfte Ugander HIV-positiv war. Er hat als erster afrikanischer Staatschef Kondomwerbung und Aidsaufklärung gefördert – gegen enormen Widerstand.

»Aus vielen Dörfern wurden wir wieder rausgeworfen, wenn wir nur das Wort Kondom benutzt haben«, erzählt die Aidsberaterin Winnie Makumbi. Und wo sie es zeigen durften, hatten sie auch nicht immer Erfolg. »Wir können ja keine Attrappe eines – na ja, Sie wissen schon – nehmen und ein Kondom darüber stülpen.« Deshalb hätten sie Bananen genommen. »Später hörte ich, dass einige Paare, die zuvor noch nie ein Kondom gesehen hatten, dieses über eine Banane gezogen haben und dann ins Bett gegangen sind. Da wusste ich, dass wir deutlicher werden müssen.«

Oft berücksichtigen die Aidsexperten nicht die Tatsache, dass sie gegen die Sitten verstoßen, wenn sie vor versammelter Dorfgemeinschaft über Sex reden. »Da sitzt dann der Vater neben seiner Tochter und wildfremde Menschen sprechen über Samenergüsse und Eisprünge«, sagt Soziologieprofessor Oyugi. »Das verletzt das Schamgefühl der Menschen zutiefst. Da würde selbst ich mich schämen.« Aufklärung müsse im kleinen Kreis stattfinden. Eine Sendung wie »Straight Talk« sei deshalb eine sehr gute Idee. Fast jeder habe ein Radio, das könne man auch alleine hören, wenn man sich vor den anderen schäme.

Uganda konnte die Infektionsrate immerhin um die Hälfte reduzieren. Musevenis Regierung verteidigte »Straight Talk« gegen den Protest der Kirchen und finanziert das Programm zusammen mit der Europäischen Union, den Vereinten Nationen und anderen Hilfsorganisationen. In anderen afrikanischen Ländern ist man davon noch weit entfernt. In Sambia musste erst vor kurzem eine Aidsaufklärungs-Kampagne zurückgezogen werden. Die Kirchen hatten protestiert, weil gezeigt wurde, wie man Kondome benutzt. »Museveni ist der Aufgeklärteste von allen afrikanischen Staatschefs«, sagt Victoria Nalugwa. »Die Kenianer, Tansanier oder Ruander glauben heute noch, dass Aids eine Gottesstrafe ist.«

Nach dem langen Gespräch gibt es natürlich noch eine letzte Frage an Victoria Nalugwa, bevor sie zum Tanzen geht: Fehlt ihr in ihrer Abstinenz gar nichts? Da schmunzelt sie und blickt mich an, als habe ich nur die Hälfte verstanden. »Wissen Sie, Sex habe ich jeden Tag. Jedes Mal, wenn ich arbeite. Ich habe ihn zwar nur im Kopf, aber das ist die sicherste Methode der Welt.«

Höchst schätzenswert

Volkszählung in Kenia

Frederick Masakhwe Oyiko hat's endlich geschafft, endlich ist er im Haus. Zweimal wollte er schon kurz vor Mitternacht aufs Grundstück, zweimal scheiterten er und seine Kollegen am Nachtwächter. Der spähte nur durch die kleine Toröffnung, sah die dunklen Gestalten, hörte, was sie ihm zuriefen, und entschied, dass er sein Leben dafür wirklich nicht aufs Spiel setzen wollte. »Was? Volkszählung? Kann ja jeder sagen. Wiedersehen!«

Die Volkszähler in Kenia kommen in der Nacht, oft sind sie zu acht. Seit einer Woche machen sie sich nach Einbruch der Dunkelheit auf den Weg. »Wir kommen in der Nacht, weil tagsüber die Menschen unterwegs sind, nachts sind fast alle zu Hause«, sagt der 24-jährige Volkszähler Oyiko. Nach Einbruch der Dunkelheit sind zumindest in der Hauptstadt Nairobi die Straßen fast leer, weil außer Volkszählern meist nur Räuber und andere Menschen unterwegs sind, denen man ungern begegnet. Da die Post notorisch unzuverlässig ist, viele Menschen weder registriert sind, noch Briefkasten oder Namensschild an der Tür haben, machen sich die Volkszähler auf, jeden Einzelnen zu erfassen. Wer keine Wohnung hat – wie die Straßenkinder Nairobis oder die Nomaden auf dem Land – wird durch eine Zufallsstichprobe gezählt.

Wer hat sich in der Nacht zwischen 24. und

25. August in diesem Haus aufgehalten? Wie viele Zimmer hat das Haus? Aus welchem Material ist das Dach? Wie ist der Fußboden beschaffen? Wie viele Kinder hat Ihre Frau lebend geboren? Wie viele Frauen haben Sie? Welchem Stamm gehören Sie an? – Das sind neben Alter, Geschlecht, Religion, Beruf und Ausbildung die wichtigsten Fragen. Die Dach- oder Bodenbeschaffenheit ist ein Indikator für Wohlstand. Wer sich Fliesen oder Ziegel leisten kann, dem geht's gut, wer Wellblech oder Pappe verwendet, ist arm. Dass aber die eine oder andere Frage Familienkrisen auslösen kann, war abzusehen. Manche Frauen erfuhren erst durch die Zählung, dass sie ihren Mann schon seit einiger Zeit teilten. Andere waren wütend, weil sie ihre Volksgruppe nicht in den Unterlagen fanden. »Ich war bei einem Mann«, sagt Oyiko, »der hatte ziemlich große Mühe zu sagen, wie viele Kinder er jetzt wirklich hat.«

Für die Volkszähler ist ihr Job nicht ohne Risiko. Auf dem Land wurde einer von einem Flusspferd angegriffen und schwer verletzt, andere verloren ihre Kamele, auf denen sie unterwegs waren, weil die von Löwen gefressen wurden. Und in der Stadt gibt es Viertel, in die sich nicht mal tagsüber die Bewohner entspannt hineintrauen. Am ersten Tag der Zählung hat es dann auch noch so stark geregnet, dass sich die nichtasphaltierten Straßen sofort in Schlammbäche verwandelten. »Ich stand tropfnass vor den Türen und wurde nicht reingelassen, weil meine Füße voller Schlamm waren«, erzählt Oyiko, und als dann noch die tropfnassen Unterlagen herunterfielen und halb im Dreck versanken, habe er sich entschieden, in dieser Nacht nicht weiterzuzählen. Aber selbst wenn er in ein Haus gelassen wird, weiß er nie, was ihn erwartet: »Einige sperren auf einmal die Tür hinter mir zu, so als ob sie mich gleich ausrauben wollen.«

Alle zehn Jahre findet diese Volkszählung in Kenia statt. Da die von 1989 aber ein ziemliches Desaster war, interessieren sich auch heute nicht viele dafür. Fünf Jahre hat damals die Auswertung der Daten gedauert, und als die Ergebnisse veröffentlicht wurden, hieß es sofort, dass sie manipuliert seien. Schließlich war die kleine Volksgruppe des Präsidenten Daniel arap Moi auf einmal unverhältnismäßig stark vertreten. Diesmal soll es schon nach einem halben Jahr die ersten Ergebnisse geben, die, so der Präsident, die besten aller Zeiten sein werden. Trotzdem halten viele die ganze Aktion, die fast 25 Millionen Euro kostet, für eine reine Geld- und Zeitverschwendung. Ein weiteres Problem der Datenerfassung ist die Überzeugung vieler Kenianer, dass es Unglück bringe, wenn ein Fremder die Kinder zählt.

Oyiko hingegen ist vom Sinn der Zählung überzeugt. Nur gute Daten ermöglichen ein gutes Leben, sagt er. Dennoch ist er von der Regierung »sehr enttäuscht«. Erst wurden ihm 12.000 Kenia-Schilling versprochen, rund 150 Euro, und jetzt – da er fast fertig ist – wurde ihm gesagt, dass er nur 5200 Schilling bekomme. Nein, er werde trotzdem nicht so reagieren wie einige Kollegen: Die rücken ihre gesammelten Daten erst raus, wenn sie das versprochene Geld haben.

Toms Hütte ist abgebrannt

Vom Leben auf einer Luxusinsel in einem Ozean des Elends – Afrikanische Erfahrungen

Es ist egal, mit wem ich anfange. Vielleicht alphabetisch? Claudia wurde ausgeraubt. Florence hat Typhus. Ich hatte einen Unfall. Peter wurde der Fernseher gestohlen. Toms Hütte ist abgebrannt.

Aber was bedeutet schon ein Alphabet in einer Welt, in der es keine Ordnung gibt? Also fange ich mit Peter an, dem Mann, dem der Fernseher gestohlen wurde, dem einzigen Menschen auf meinem Grundstück, der mir etwas zu Weihnachten geschenkt hat. Eine Flasche Wein und eine Lichterkette für den Christbaum. Zehn Euro hat das gekostet, das ist ein Zehntel seines Lohnes, den er monatlich von der Sicherheitsfirma bekommt, die unser Grundstück bewacht. Zwölf Stunden arbeitet Peter täglich, sieben Tage die Woche, elf Monate im Jahr. Peter ist nun 54 Jahre alt. Für den hundert Euro teuren Fernseher hat er ein Jahr lang gespart. Er wollte ihn seiner Tochter schenken, weil Peter in seiner Hütte keinen Strom hat. Er hat nicht einmal fließendes Wasser, er hat kein Klo, und er hat kein brauchbares Schloss, um seine Tür abzusperren. Darum wurde ihm der Fernseher schon am zweiten Tag geklaut. Einmal, es hatte die ganze Nacht geregnet, da kam er matschverschmiert bis über die Hüften zur Arbeit. Seine Hütte sei überschwemmt worden, sagte Peter, das Wasser stehe bis über seinem Bett. Ich habe es mir angesehen. Es war kein Wasser. Es war flüssiger Dreck und Kot.

Natürlich habe ich Peter angeboten, eine bessere Bleibe für ihn zu suchen. Aber Peter hat gesagt, »Sir« – so nennt er mich, obwohl ich ihm seit Jahren permanent meinen Vornamen anbiete – »Sir, Sie können mir gerne mehr Geld geben, aber ich werde das Geld für meine Kinder ausgeben, für deren Schule und deren Studium. Oder für meine erwachsene Tochter, der ich eine Nähmaschine kaufen möchte, damit sie endlich ein Geschäft eröffnen kann.« Ich habe ihm mehr Geld gegeben, ich habe ihm mittlerweile wohl ein halbes Dutzend Mal sein zusätzliches Gehalt erhöht, das er von mir bekommt, aber Peter lebt immer noch in seiner elenden Wellblechkiste.

Die Hütte von Peter steht keine dreihundert Meter von unserem Bungalow entfernt. Wir – meine Frau Claudia und ich – haben einen Garten, den man ohne zu übertreiben als Park bezeichnen kann, wir haben fünf Angestellte, und wir haben all den Luxus, der in Deutschland üblich, in Nairobi aber eine Provokation ist: Fernseher, Satellitenschüssel, Computer, Laptop, Fotoapparat, CD-Brenner, Handy, Mikrowelle, Fax, DVD- und Videogerät. Auf all das passt Peter auf und auf den Geländewagen noch dazu. Wie gesagt, zwölf Stunden am Tag, sieben Tage die Woche, elf Monate im Jahr. Und ihm wird der Fernseher geklaut – während er auf unseren Luxus aufpasst.

Uns ist auf dem Grundstück noch nichts gestohlen worden, denn wir leben in einer Festung.

Wir schützen uns vor den Gefahren und Zumutungen der Dritten Welt. Mit zwei Wachmännern, mit Hecken voller Stacheldraht, mit zwei Hunden und einer Alarmanlage. Wenn man den Begriff Festung mit Zitadelle gleichsetzt, so wie es der Kunsthistoriker Otto Karl Werckmeister in seinem Buch »Zitadellenkultur« getan hat, dann leben wir in Nairobi in einer Zitadellengesellschaft. In einer Welt, in der eine wachsende Mehrheit »vom optimalen Lebensstandard ausgeschlossen, unterbezahlt, arbeitslos, verelendet, deklassiert, politisch fest- und abgeschrieben« bleibt und sich die Minderheit der Privilegierten in ihren Festungen vor dem Neid und den Angriffen der Habenichtse schützt. Wir leben wie in einer mittelalterlichen Stadt, wo die Bewohner innerhalb der Mauern Bürgerrechte hatten und die Ausgeschlossenen und Aussätzigen draußen froh sein konnten, wenn ihnen der Abfall der Reichen vor die Füße geworfen wurde.

Werckmeister hat diesen Gesellschaftstyp Mitte der achtziger Jahre beschrieben, doch es scheint, als gewinne seine Analyse von Tag zu Tag an Aktualität. Nairobi ist nur ein Beispiel für das Entstehen von Zitadellengesellschaften. Vor allem in den Megastädten der Dritten Welt, wo die Kluft zwischen Arm und Reich am größten ist, wuchern sie – in São Paulo, in Manila, in Lagos, in Johannesburg. Aber auch in den USA, in Chicago, Miami oder Los Angeles leben schon mehrere Millionen Menschen in solchen abgeriegelten Luxusghettos. Der Entwicklungsbericht der Vereinten Nationen warnte im Jahr 2000, dass die Welt im Begriff sei, ein »gefährlich ungleicher Ort« zu werden. Ein durch die Globalisierung enthemmter Kapitalismus schließe inzwischen Milliarden von erwerbsfähigen Menschen vom Wirtschaftsleben aus. Die Minderheit der wohlhabenden Bürger ziehe sich hingegen in hermetisch abgeschirmte Wohngegenden zurück.

Der Begriff der Zitadellengesellschaft gilt auch für Kontinente. Die »Festung Europa« meint nichts anderes als das, was Werckmeister beschrieben hat. Auch die Europäer mauern sich ein, weil sie Angst davor haben, dass sie von Milliarden armer Afrikaner oder Asiaten überrannt werden. Der Unterschied für uns hier in Nairobi aber ist, dass es nur die drei Millimeter Blech des Gartentors sind, die diese extremen Welten auseinanderhalten. Wir leben auf einer winzigen Luxusinsel inmitten eines Ozeans des Elends.

Früher einmal, das ist mehr als zehn Jahre her, da hat einer meiner Vorgänger unser Haus gemietet, als der Stadtteil Lavington noch zu den besseren Gegenden gehörte und Kawangware weit weg war. Damals lebten rund eine Million Menschen in Nairobi, heute sind es – obwohl die Stadt von der Fläche her nicht viel größer geworden ist – vier Millionen. Sie alle hoffen, zumindest in der Hauptstadt noch das zu finden, was es auf dem Land fast nicht mehr gibt. Tagesjobs oder kleine Geschäfte, damit sie sich und ihren Familien zumindest einmal am Tag etwas zu essen kaufen können. Heute beginnt Kawangware zweihundert Meter von unserem grünen Tor entfernt, dieses stinkende, matschige, viren- und bakterienverseuchte Blech- und Holzhüttenmeer, in dem sicherlich dreihundert- bis vierhunderttausend Menschen hausen.

Wie lebt man mit solchen Extremen? Wie geht man mit dem Elend um, das einen noch bis ins Haus begleitet? Was macht man, wenn man gut verdient und weiß ist und das Leben der Kenianer kennen lernen und beschreiben will? Wenn man erkennen muss, dass es für die meisten von ihnen keine bessere Zukunft geben wird? Noch schlimmer: wenn das Gegenteil passiert? Denn mit dem Land geht es seit Jahren rapide bergab – weil sich eine kleine Regierungsclique schamlos bereichert, weil es ihr anscheinend gleich ist, dass sie der Bevölkerung alle Perspektiven raubt. So geht Nairobi langsam zugrunde – und wir sitzen mittendrin.

Zumindest können wir nicht in Kawangware leben, in der Gasse von Peter zum Beispiel. Meine Heimatredaktion würde sich freuen, wenn sie mir alle zwei Tage eine neue Büroeinrichtung kaufen müsste. Und dass unsere Sicherheitsvorkehrungen nicht übertrieben sind, weiß ich, seit vor unserem Tor der erste Tote lag. Er wurde erschossen, am helllichten Tag, von wem, weiß ich nicht. In der Zwischenzeit wurden noch mehr Menschen in unserer Nachbarschaft umgebracht. Es gibt Phasen, in denen wir jede Nacht wachliegen, weil draußen wieder geschossen wird.

In solchen Nächten sehnen wir uns natürlich nach einer besseren Festung. Die gibt es auch in Nairobi, in den Randbezirken. Dort sind ganze Stadtteile für gewöhnliche Kenianer abgesperrt, dort darf man nur rein, wenn man eine Besuchserlaubnis von einem der Wächter an den Straßensperren bekommt. Und die Bewohner dort haben sich mit meterhohen Mauern, Elektrozäunen, Rasierklingendraht und Bewegungsmeldern gesichert. Aber wann immer wir Freunde dort besuchen, spüren wir: Je höher die Menschen ihre Mauern bauen, desto größer wird die Angst – vor den Massen der Arbeitslosen, vor dem Neid der Habenichtse, vor dem Verbrechen, vor der Rache der Armut. Auf Grillpartys, Gartenfesten und Kindergeburtstagen gibt es meist nur ein Thema: Die steigende Kriminalität in Nairobi und die Frage, ob man denn den Köchen und Gärtnern in seiner eigenen Festung trauen könne – sind diese doch auch Teil derjenigen Gesellschaft, die vom privilegierten Leben ausgeschlossen bleibt. Vom Alltag der Kenianer bekommen die Menschen in solch hermetisch abgeriegelten Luxusoasen nicht viel mit – und das ist nicht gerade die beste Voraussetzung für einen Journalisten, der über das Leben der Afrikaner berichten soll.

So bleiben wir in Lavington und scheitern weiterhin auf der Suche nach dem richtigen Weg. Jeden Tag, wenn wir unser Zuhause verlassen, tauchen wir in eine für uns fremde Welt ein. Keine zehn Meter vom Haus entfernt begegnen uns die ersten verdreckten und verrotzten Straßenkinder, die sich nicht selten ans Auto hängen und um Geld oder um Essen betteln. Und wir beginnen regelmäßig zu diskutieren. Claudia gibt ihnen immer etwas, ich nur selten. Weil das die Kinder aus ihrem Elend nicht rettet, weil es Hunderttausende davon in der Stadt gibt und ich nicht jeden ernähren kann. Bekommen sie Geld, lohnt sich das Betteln, dann bleiben sie immer auf der Straße. Claudia lacht dann nur und sagt, ich solle mein Gewissen nicht mit diesem theoretischen Quatsch beruhigen. Außerdem findet sie es ungerecht, dass ich alten Menschen oft etwas gebe, weil diese keine Chance mehr haben, Arbeit oder Unterkunft zu finden. Die Kinder haben auch keine Chance, sagt Claudia dann. Was nicht ganz stimmt. In den vergangenen Wochen wurden Passanten in der Innenstadt von Straßenkindern mit Exkrementen beworfen, als sie sich weigerten den Halbwüchsigen etwas zu schenken. Seitdem ist meine Spendenbereitschaft deutlich gestiegen.

Der größte Unterschied aber, den es zwischen mir und fast jedem anderen Kenianer gibt, ist nicht mein Reichtum. Es ist das Bewusstsein, dass ich mein Grundstück, meine sichtbare Festung verlassen kann und dennoch meine Schutzmauern nicht verliere. Es war vor drei Monaten, mitten in der Nacht, ich war auf dem Weg nach Hause, als mir ein Auto entgegenkam, mit Aufblendlicht, viel zu schnell und auch noch auf meiner Spur. Ich bin ausgewichen, kam ins Schleudern und prallte mit dem Geländewagen an einen Baum. Als ich wieder zu mir kam, spürte ich Hände in meiner Jackentasche, ich sah Schatten herumhuschen und hörte Stimmen und Geklopfe und Geklapper. Ein paar Minuten später war es wieder ruhig, dann lächelte mich plötzlich ein Japaner an, einer, der nur wenig Englisch sprach. Er hat mich aus dem völlig kaputten Auto gezogen und den Rettungswagen gerufen. Und als mich der Arzt untersucht hatte, sagte er, er würde mich jetzt ins Krankenhaus fahren lassen, das gehe aber nur, wenn ich sofort sechzig Euro zahle. Da merkte ich, dass ich kein Geld mehr besaß, die zweihundert Euro, die ich noch beim Aufprall in der Tasche hatte, waren weg – ebenso die Autobatterie, der Luftfilter, meine Einkäufe und selbst der Massai-Schlagstock und das Buschmesser, die hinter meinem Fahrersitz lagen. Hätte es den Japaner nicht gegeben, der mir auch noch das Geld für die Ambulanz auslegte, wäre ich vermutlich bis zum Morgengrauen blutverschmiert im Auto gelegen.

Der Japaner war nämlich der einzige Ausländer in der Gegend, der sich aus seiner Festung herausgetraut und auch noch gegen die informellen Ratschläge der internationalen Botschaften verstoßen hat. Auch uns wurde, als wir vor knapp drei Jahren in Nairobi ankamen, von einem deutschen Diplomaten gesagt: »Bleiben Sie niemals stehen, wenn Sie einen Unfall sehen, vor allem nicht in der Nacht, es könnte sich um eine Falle handeln. Bleiben Sie nicht einmal stehen, wenn Sie selbst jemanden überfahren. Die Wut der Menschen kann sehr leicht tödlich sein. Kommen Sie in die Botschaft – Sie sind weiß, das gilt nicht als Fahrerflucht.« Und ich gebe auch zu, dass ich schon mehrmals weitergefahren bin, wenn ich einen Unfall gesehen habe.

Trotz des kaputten Autos, trotz der Knochenbrüche und Platzwunden – mir ist nichts passiert. Kenia hat, gemessen an der Anzahl der Autos, die weltweit höchste Todesrate bei Unfällen. Es liegen täglich irgendwo Verletzte, die sich nicht wehren können, wenn sie ausgeraubt werden. Falls sie nicht ausgeraubt werden, haben die meisten trotzdem nicht genügend Geld, um sich in einem Krankenhaus ordentlich behandeln zu lassen. In den staatlichen Hospitälern werden selbst noch die Bettbezüge auf dem nächstgelegenen Markt verkauft, weil die Ärzte und die Krankenschwestern monatelang nicht bezahlt werden – wer wieder gesund werden will, muss in eine private Klinik. Und die sind fast so teuer wie in Deutschland.

Ich hingegen bin versichert. Ich habe eine Krankenversicherung, eine Unfallversicherung, eine Autoversicherung, eine Rentenversicherung, eine Arbeitslosenversicherung, eine Haftpflichtversicherung, eine Lebensversicherung – und außerdem habe ich die Versicherung, dass ich, wenn es für mich in dieser Stadt unerträglich geworden ist, wieder verschwinden kann. Die meisten Kenianer können nicht verschwinden – und Versicherungen gibt es nicht, zumindest keine, die sie sich leisten könnten. Wenn sich ein Einheimischer die Knochen bricht, wenn ihm die Niere oder die Lunge gequetscht wird, kann er nur hoffen, dass von alleine wieder alles gut wird. Oder er lässt sich behandeln – und verschuldet sich bis an sein Lebensende.

Tom, Peter, Francis, Alfred und Florence, unsere Angestellten, haben inzwischen Privilegien, sie haben eine Versicherung – uns. Am Anfang war es uns noch peinlich, Wein zu kaufen oder Käse oder Schinken. Dies gibt es nur in Supermärkten, die auch wie Festungen gesichert sind. Gewöhnliche Kenianer werden alleine schon durch die astronomischen Preise ausgegrenzt. Wir haben noch vor Verlassen des Ladens die Preisschilder abgezupft, damit zu Hause niemand sieht, dass wir gerade das Monatsgehalt eines Angestellten ausgegeben hatten. Heute machen wir das nicht mehr, alle unsere Mitarbeiter wissen, dass wir anscheinend verdammt reich sind, das sehen sie alleine schon an den Rechnungen, die offen im Haus herumliegen.

Wir seien die Einzigen, die ihnen helfen könnten, hat Tom, mein Büroangestellter, einmal gesagt, damals stand er mit seinem Sohn vor meinem Schreibtisch. Er hat ihm die Hose heruntergezogen und ich sah das riesige Geschwür an seinem Unterleib. Tausend Euro hat die Operation gekostet, sie ist gut verlaufen. Inzwischen standen schon viele Kinder in meinem Büro und auch die Angestellten selbst. Mal haben sie Malaria, mal Durchfall, mal Würmer, mal Bronchitis, mal haben sie sich den Arm gebrochen oder das Rückgrat verrenkt. Alle sind wieder gesund geworden. Auch Florence, unsere Hausangestellte, die an Typhus erkrankte, weil sie Leitungswasser getrunken hatte. Da erst fiel uns auf, dass wir gegen Typhus geimpft sind und fast jedes Wasser trinken können – unsere Angestellten aber nicht.

Dreihundert Meter von unserem Haus entfernt sterben die Menschen an Cholera, Malaria oder Durchfall, weil sie sich die zehn Euro für die Behandlung nicht leisten können oder von schlecht ausgebildeten Ärzten falsch behandelt werden. Auch Peter ist wochenlang zu einem kenianischen Doktor gegangen, als ihm unterhalb des Brustkorbs die Haut aufbrach und das offene Geschwür immer größer wurde. Er hat es uns erst gezeigt, als es schon faustgroß war und auch der fünfte Medikamentenversuch seines Arztes nicht funktioniert hatte. Er habe sich nicht getraut, uns zu fragen, sagte Peter, wo ich doch nach dem Unfall so viel Geld für meine Operation und das neue Auto sparen müsste. Ich habe ihm gesagt, dass ich nichts bezahlen würde, weil ich versichert sei – dann ist er zu unserem Arzt gegangen, einem Italiener, dem besten Tropenmediziner in Ostafrika. Und Mauro Saio hat bei uns angerufen und gefragt, ob er Peter die gute, teure Medizin geben solle, die er sonst nur Weißen verschreibt, oder die billige für Kenianer, wie es die meisten Arbeitgeber von ihm verlangen, wenn sie ihre Angestellten bei ihm vorbeischicken. Nach fünf Tagen war Peters Geschwür verheilt.

Trotzdem: Es ist nicht so, dass wir uns nicht schmutzig machen. Kein Reicher kommt aus einer Zitadellengesellschaft wie dieser sauber raus. Es ist schon eine Weile her, da wurde Claudia die Handtasche in einem Café in der Innenstadt geklaut. Es war nichts drin, ein Buch, ihr Führerschein und eine Schachtel Zigaretten. Sie ist dem Mann trotzdem nachgerannt und hat ihn – mit Hilfe zweier Wachleute – noch im Café gestellt. Als sie ihre Tasche wiederhatte, war für sie der Fall erledigt. Für den Cafébesitzer nicht. Sie solle den Dieb anzeigen, bekniete sie der Mann, es sei jetzt schon das neunte Mal, dass in seinem Laden die Gäste beraubt wurden, es müsse endlich ein Zeichen gesetzt werden. Und da auch noch ein Polizist dastand, kam es zur Anzeige – was Claudia bereuen sollte. Bei der Gerichtsverhandlung erkannte sie den Dieb fast nicht mehr, er war bereits zwei Monate im Gefängnis gesessen und nicht nur stark abgemagert und bleich, sondern auch krank. Kenianische Kerker zählen zu den schlimmsten in Afrika. Claudia hat ihre Aussage gemacht und dabei an die Kinder gedacht, die der Dieb vielleicht hat. Das Urteil lautete drei Monate Haft – und das für eine leere Handtasche.

Jetzt leben wir seit fast drei Jahren in Nairobi und wir können dieser Stadt nicht mehr entkommen, selbst wenn wir zu Besuch in Deutschland sind. Tom hat mich vor kurzem in München angerufen und gesagt, er wisse nicht, was er tun solle. Seine Hütte und 58 andere seien nachts abgebrannt, es sei Brandstiftung gewesen, vermutlich vom Besitzer, der die Bewohner loshaben wollte, um bessere Hütten zu bauen und mehr Miete zu bekommen. »Brandsanierung« wird das in Kenia genannt. Er habe nichts mehr, nicht einmal Hemden und Hosen für seine vier Kinder, nackt könne er sie nicht in die Schule schicken. Da dachte ich daran, dass wir am Abend zuvor essen gewesen waren, zu viert, für 240 Euro. Und in Nairobi steht mein Bürogehilfe mit den nackten Kindern und weiß nicht, wo er für sie etwas zum Anziehen herbekommt.

Inzwischen sind wir wieder in unsere kenianische Festung zurückgekehrt. Tom hat eine neue

Hütte und Kleider und Schuhe für seine Kinder. In ein paar Wochen wird auch der neue Geländewagen fertig sein. Wir werden uns dann von dieser Stadt ein bisschen erholen, in die Massai Mara fahren oder in den Amboseli-Nationalpark und das genießen, was jeder Tourist in Kenia genießt. Die Landschaft, die Stille, die Tiere, die unendliche Schönheit Afrikas. Tom wird für uns die Reservierung in einem Reisebüro machen, er wird sehen, dass das Wochenende in einem dieser Parkhotels mehr kostet, als er in zwei Monaten verdient – und er wird wie immer nichts dazu sagen. Er wird vielleicht nur fragen, ob ich ihm nicht auch noch die verbrannten Schulbücher für seine Kinder ersetzen könnte.

Mit Meeresspargel die Welt retten

Vor der Küste Eritreas kultiviert ein Amerikaner ein Wundergemüse, das Hunger und Armut beseitigen soll

Schon dieser Tropenhelm. So riesengroß und weiß, dass es fast scheint, als habe sich Carl Hodges einen Lampenschirm von der Decke geholt und auf sein graues, zerzaustes Haar gesetzt. Sein Kopf verschwindet fast darunter. Und dann noch Lederhandschuhe. Bei 46 Grad im Schatten und einer Luftfeuchtigkeit von 80 Prozent. Klatschnass ist das Gesicht des Amerikaners, der Schweiß rinnt ihm durch die vielen Falten oder tropft ihm von der Nasenspitze. Der 63-Jährige lässt sich davon nicht stören. Er rudert mit den Armen, erzählt von seiner Wunderpflanze und lacht laut auf, als er sagt: »Wir werden hier keine Gewinne machen, sondern Riesengewinne, sonst wären wir nicht hier.«

Bevor man mit Hodges gesprochen hat, könnte man glauben, dass es sich bei diesem Wissenschaftler und Geschäftsmann um einen Träumer handeln muss, und zwar um einen besonders weltfremden. Gerade jetzt, im Juli, flüchten die Menschen aus der eritreischen Küstenstadt Massawa. Die Luft ist hier so feucht und heiß, dass alles grau und trüb ist. Außer Salzwasser, Wüste und der Sehnsucht nach besseren Zeiten scheint es nichts zu geben. Und genau das hat der Mann aus Phoenix, Arizona, gesucht. Aus diesem kargen Nichts will er ein Paradies zaubern, reich werden – und dazu das Klima verbessern, Hungersnöte lindern, Menschen verschönern und Feinschmecker bedienen.

Dreißig Millionen Dollar und fünfzehn Jahre Zeit haben Hodges und seine Forschungskollegen in diese surreal klingende Vision investiert. Sie suchten nach einem Gemüse. Eines, das nur sauberes Meerwasser und Wüstensand braucht, um prächtig zu gedeihen. Denn ihnen war schon in den sechziger Jahren klar: Die Weltbevölkerung vermehrt sich so schnell, dass sie nicht mehr mit der herkömmlichen Landwirtschaft und Süßwasser ernährt werden kann. Deshalb haben sie in Mexiko und Saudi-Arabien »Seaphire« entwickelt, eine spezielle Art des so genannten Meeresspargels. Und hier in Massawa entsteht die erste kommerzielle Farm weltweit. Denn das, was lange Zeit als das größte Hindernis für die Entwicklung des kleinen, bettelarmen Eritrea gegolten hat, ist für Hodges Projekt ein Riesenvorteil: Es gibt fast keine Industrie. Das Wasser an der Küste des Roten Meeres ist so sauber, dass selbst im Hafenbecken von Massawa Tausende von Fischschwärmen zwischen bunten Korallen herumschwimmen.

Ibrahim Said verzieht sein Gesicht. »So was Salziges habe ich noch nie gegessen«, sagt er und lacht, »aber das Zeug wird ja nicht für mich angebaut.« Von Hodges und dessen Farm erwartet der stellvertretende Hafen- und Transportminister Millionen von Dollar für das nordostafrikanische Land. Blühende Landschaften soll es hier an der

Küste geben, volle Felder mit diesen zwanzig Zentimeter langen grünen Stengeln, die aussehen wie eine Kreuzung aus Spargel und Kakteen. Man kann die Pflanze roh oder gekocht essen. Und man kann aus ihr auch Backmehl machen oder das viele Öl herauspressen, um daraus Speiseöl, Pesto, Salsa und Gesichtscremes zu produzieren. Verbrennt man das getrocknete und zu Briketts gepresste Seaphire, absorbiert es sehr viel Kohlendioxid, das für die Klimaerwärmung verantwortlich ist. »Wenn Sie Seaphire verbrennen, kühlen Sie die Erde«, wirbt die amerikanische Firma.

Das mag alles übertrieben klingen. Fest steht aber, dass dieses Gemüse in der mörderischen Hitze wirklich wächst. Das sieht man auf Hodges Farm, von einem kargen Hügel aus: 250 eritreische Mitarbeiter haben den Wüstensand umgegraben, Salzwasserkanäle, Seen voller Fische, Mangrovenwälder, Seaphire-Plantagen und Shrimps-Zuchtbecken angelegt. In nur wenigen Monaten ist eine Oase inmitten von Sand und Staub entstanden. Ein kleines Ökosystem, das keinen Kunstdünger, keine Pflanzenschutzmittel, nichts außer Sand und Salzwasser braucht.

Bei der Suche nach den Nachteilen von Seaphire hat man wenig Erfolg: Die Deutsche Gesellschaft für Ernährung lobt »die außergewöhnliche Pflanze«, weil sie so vielseitig sei. Auf der Expo 2000 wurde sie ausgestellt. Amerikanische Restaurantkritiker schwärmen von »der aufregend neuen Pflanze«, von Seaphire-Salat mit Shrimps oder Fischfilet mit Seaphire-Sauce. Das sei nicht nur köstlich, sondern auch noch gesund. Enthalte das Gemüse doch viel Vitamin A und C und jede Menge Proteine. Und selbst Biologen sagen, dass sich gegen Hodges Plantage nichts einwenden lasse – solange sie an der Küste angelegt werde. Im Landesinneren würde das Meerwasser den Boden versalzen.

Verweilt man mit dem Gemüsepionier auf seinem kargen Hügel, blickt hinaus in die Wüste, dann flimmert die Luft, verschwimmt der Horizont, und Hodges beginnt zu sprechen. Von riesigen Mangrovenwäldern, die bald an der heißgebrannten Küste des Roten Meeres wachsen und das Klima verändern. Von Rinder-, Kamel- und Ziegenherden, die im Schatten der Bäume grasen. Von bunten Vogelschwärmen, die durch schattige Haine fliegen. Von edlen Food-Designer-Läden in New York, in denen Broker Filet von *Tilapia*-Fisch an Seaphire essen. Und von amerikanischen und europäischen Frauen, die sich die Seaphire-Creme ins strapazierte Gesicht massieren. »Die meisten reden doch nur über Weltverbesserung«, sagt der Mann, der sich wie ein Schöpfer fühlt, »wenn sie aber Geld damit verdienen, dann klappt es auch.« Ach, und übrigens: Hier, auf diesem kargen Hügel, würden ein Luxushotel und ein Nobelrestaurant entstehen, »für Touristen, die tagsüber mit Booten durch die Anlage fahren und sich abends erholen wollen. Einen Wasserfall bauen wir auch noch.«

Touristen? In Eritrea? Zumindest jetzt müssen die Sinne dieses Mannes von Hitze vernebelt sein. Das Land führte von 1998 bis Ende 2000 Krieg gegen Äthiopien. Auch das Stromkraftwerk und der

Hafen von Massawa wurden von der äthiopischen Luftwaffe bombardiert und leicht beschädigt. Weshalb fast kein Mensch glaubt, dass der vereinbarte Waffenstillstand und das Friedensabkommen auf Dauer Bestand haben werden. Und hier sollen amerikanische Kleinfamilien im Ruderboot herumpaddeln? Hodges grinst nur, sagt, der Krieg sei nur ein weiteres Problem, das man lösen könne, und zeigt dann die vollen Fisch- und Shrimpsteiche. In acht Wochen will er mit der Lufthansa ein paar Tonnen der Meeresfrüchte wöchentlich nach Frankfurt fliegen lassen, dann zwei Tonnen pro Tag.

Seine Pläne klingen tollkühn und es braucht auch nicht viel, damit sie scheitern. Die Lufthansa muss ihre Flüge nach Eritrea streichen, weil sie durch den Krieg zu gefährlich sind, und schon funktioniert die Kühlkette nicht mehr. Oder die Pflanze wächst nicht überall so gut wie in Massawa, die Fische oder Shrimps gehen ein. Oder die Europäer haben keine Lust, dieses salzige Zeug zu essen. Dennoch: Hodges Meerwasserfarm ist schon jetzt ein Erfolg. Zeigt sie doch, dass es anderes gibt als Entwicklungshilfe, um afrikanische Länder zu unterstützen. An Hodges Farm ist Eritreas Regierung mit fünfzig Prozent beteiligt, sie hat ihm das Land zur Verfügung gestellt und ihm Hilfe gegeben, wie man sie in Afrika selten findet. »Einmal brauchte ich einen Traktor«, sagt er, »da habe ich im Ministerium angerufen, am nächsten Tag war das Ding da, ich musste niemanden bestechen, keinen Pfennig zahlen.« Es gebe keine Bürokratie, keine Korruption. »Fragen Sie nicht warum, aber in Phoenix sind die Beamten bestechlicher.«

Die Begeisterung beruht auf Gegenseitigkeit. Nicht nur die Farmarbeiter schwärmen von »Mister Carl«, der ihnen in Kriegszeiten endlich Arbeit und einen durchschnittlichen, eritreischen Tageslohn von ein bis eineinhalb Euro gibt. Auch der Bürgermeister von Massawa, Tewelde Andu, ist von Hodges überzeugt, dem »optimistischsten Menschen«, dem er je begegnet sei. Er verstehe zwar das ökologische System der Meerwasserfarm nicht, aber Massawa sei sehr glücklich über dieses Projekt. Denn auch der zierliche Mann im Maßanzug hat Visionen für seine Stadt. Wohin man blickt, überall Kräne, Sandsäcke und Berge von Ziegeln. Ein internationaler Flughafen wird gebaut, der Hafen vergrößert, Neubauten errichtet, die Altstadt saniert. Vor der Küste liegen 350 fast unberührte eritreische Inseln mit Korallenriffen, Fischschwärmen, Meeresschildkröten und Vögeln. »Unsere Stadt wird das größte Touristen- und Handelszentrum in der Region. Das ist sicher«, sagt Andu. Und was ist mit dem Krieg? »Der ist zu Ende«, sagt er, »der ist zu Ende, es muss einfach so sein.«

Die giftige Prinzessin

Von Bleichmitteln und Schönheitsideologien

In Mama Winnies Hair Salon kommen nur selten erfolgreiche Menschen vorbei. Menschen zum Beispiel, die Autos haben oder einen festen Job. Hier lassen sich Tagelöhner und Arbeitslose kahl rasieren oder Mädchen künstliche Locken oder Plastikperlen ins kurze Haar flechten. Denn Mama Winnies Hair Salon liegt in Kawangware, einem schäbigen Stadtteil der kenianischen Hauptstadt Nairobi. Dass die Bewohner hier materiell nicht gesegnet sind, sieht man ihnen schon von weitem an – sagt zumindest Monika Yula, die Chefin des Friseurladens. »Sehen Sie sich um, hier laufen doch fast nur schwarze Menschen herum. Wer bei uns als attraktiv und erfolgreich gelten will, muss eine helle Haut haben.« Und dann greift sie nach einer Kosmetikpackung im Regal: »Die Frau auf dem Bild ist Afrikanerin«, sagt sie, »aber ihre Haut ist weiß. Das ist unser Schönheitsideal.«

So absurd es vielleicht klingt: nicht nur die Chefin von Mama Winnie, nicht nur in Kawangware, Nairobi oder Kenia eifern die Menschen einem Schönheitsideal nach, das nicht ihrer Natur entspricht, sondern auch im übrigen Afrika, in Kongo, Nigeria, Mali, Simbabwe oder auch Angola. Je heller die Haut eines Afrikaners ist, desto besser. Im Fernsehen laufen Werbespots, die ein schöneres und reicheres Leben versprechen – und die Darsteller weisen alle eine auffallend hellere Haut auf als die Kunden, die sie ansprechen wollen. »Wer wohnt in den besten Häusern Nairobis?«, fragt Monika Yula, »wer hat die besten Jobs? Wer hat das meiste Geld? Das sind alles Weiße oder zumindest sehr hellhäutige Afrikaner, die fast wie Europäer aussehen.«

Auch Monika Yula ist bei weitem bleicher als die meisten ihrer Kunden. Sie hat nachgeholfen, mit Cremes und Seifen. Es gibt aber auch Tabletten oder Bäder, die die Haut bleichen. Ein riesiges Geschäft, eines, das den Herstellern dieser Produkte jährlich Milliardengewinne bringt – auch wenn die Mittel zwischen zwei und vier Euro kosten, was mehr ist, als ein Kenianer im Durchschnitt pro Tag verdient. Das größte Problem aber besteht darin, dass die meisten Bleichmittel extrem gesundheitsschädlich sind. Cremes wie »Probier es!«, »Hell und schön« oder »Prinzessin« enthalten in der Regel hochgiftige Substanzen wie Quecksilber oder Hydrochinon, die nicht nur Krebs erzeugen, Fehlgeburten auslösen und von einer bestimmten Dosis an auch innere Organe schädigen, sie bremsen darüber hinaus die Produktion von Melanin – und dieses Pigment ist gerade in Afrika wichtig, schützt es doch die Haut vor Sonnenbränden.

Obwohl die kenianische Regierung diese meist in Europa hergestellten Bleichmittel schon vor einem Jahr verboten hat, ist der Absatz nach wie vor sehr hoch. Neben Mama Winnies Hair Salon liegt ein kleiner Supermarkt, einer, in dem es Kekse, Brot, Waschpulver, Tee und Zigaretten gibt, ein ganzes Regal aber ist voll mit diesen angeblichen Wundermitteln. »Die gehen weg wie frisch gebackener Kuchen«, sagt Besitzer John Bosco, »die Leute verzichten eher aufs Abendessen als auf diese Cremes.« Dass die Bleichkosmetika verboten seien, wisse er, aber das störe ihn nicht. »Die Menschen wollen sie haben, ich wäre doch blöd, wenn ich sie nicht verkaufte. Das ist neben anderem mein bestes Geschäft.«

Für die Kosmetika brauche es nicht einmal Werbung, erzählt Monika Yula, da reiche allein die Mundpropaganda. Auch ihre Haut sei schon nach sieben Tagen heller geworden. »Das war ein enormes Erfolgserlebnis.« Der Schock aber ließ nicht lange auf sich warten: Wann immer sie von da an in die Sonne ging, brannte ihr Gesicht, sie bekam Bläschen und schon nach kurzer Zeit auch schwarze Flecken auf den Wangen. Nachdem sie die Creme wieder abgesetzt hatte, trocknete ihre Haut aus und bekam Risse. Sie habe inzwischen schon viele Kunden und auch Freunde und Verwandte vor diesen Mitteln gewarnt, das sei aber ziemlich zwecklos, sagt sie: »Die meisten Menschen hier denken nur an heute. Die wollen heute schön sein, was morgen ist, interessiert sie nicht.«

Aber auch sie bereue es bislang nicht, die Cremes genommen zu haben. »Ich habe jetzt eine hellere Haut«, sagt die Besitzerin von Mama Winnies Hair Salon. Nur eine Sorge quäle sie: »Bei vielen Menschen, die diese Mittel genommen haben, wurde die Haut nach dem Absetzen noch dunkler, als sie zuvor war.«

Hunger, Helfer und Gewinner

Mit Karlheinz Böhm unterwegs in Äthiopien

Einmal Gott sein können, das wäre was. Zum Beispiel hier im äthiopischen Erer-Tal, nahe der Grenze zu Dschibuti und Somalia. Seit drei Jahren hat es kaum geregnet, die Felder sind ausgedörrt, ein paar Ziegen liegen im Schatten der wenigen Büsche, in der Nähe traben Kamele durch die staubige Landschaft, und wenn man es schon nicht regnen lassen kann, dann möchte man zumindest diesem Jungen da helfen, der nur mühsam über den Schulhof kriecht. Der Sand knirscht unter seinem kleinen Körper, als er sich mit den Armen und Beinen über den steinharten, heißen Boden schiebt, Knie und Ellenbogen sind faustgroß geschwollen, und die Haut an diesen Stellen ist so dick wie Leder. Keine zehn Jahre ist das Kind alt, es heißt Mumad Abdi Mudee und kann nicht laufen, es hat Polio. Jeden Tag schleife sich der Junge zur Schule, sagt sein Lehrer, er sei der Beste in der Klasse, hoch begabt, nur Laufen, das könne er ihm leider nicht beibringen.

Der Mann, der an diesem Morgen Gott sein darf, regt sich vermutlich auf, wenn man ihn so bezeichnet. Aber er kann Menschen mit einem Fingerzeig aus dem Elend befreien. Karlheinz Böhm steht da und sagt, dass er es nicht ertragen kann, so viel Leid zu sehen und zu wissen, wie reich und wohl behütet andere Menschen leben, zum Beispiel in Europa. Er küsst den Jungen, legt ihm die Hand auf den Kopf und verkündet der versammelten Dorfgemeinschaft: »Ich verspreche hiermit, dass Mumad in Deutschland operiert wird. Schon bald wird er laufen können.« Und auch wenn das Kind die Verkündigung Böhms nicht ganz verstanden hat, es lacht und klatscht und jubelt, weil alle anderen das auch tun. »Wenn Mr. Karl etwas verspricht, dann hält er das auch«, sagt der Chef der Gemeinde, Abdi Adem Mumed. »Er hat uns eine neue Schule versprochen, und sehen Sie, jetzt können wir sie bauen.« Und mehr noch: Böhm hat schon eine Straße finanziert, gerade gräbt die Dorfgemeinschaft riesige Wasserreservoirs, und bald soll es auch noch eine Krankenstation geben. Und irgendwann, in nicht allzu ferner Zukunft, wird diese staubige Öde mitten in der Halbwüste Äthiopiens sicherlich ein Modell-Dorf sein, eines, wie Böhm sagt, »das die Menschen gebaut haben und das zeigt, wie sie sich mit ein bisschen Hilfe selbst entwickeln können«.

Ein bisschen Hilfe. Böhm sagt das immer wieder. Ein bisschen Hilfe, dann können sich die Menschen selbst helfen. Ein bisschen Hilfe, dann können sie sich selbst ernähren. Und es scheint ja auch zu stimmen. Die Liste der Erfolge, die seine Stiftung »Menschen für Menschen« nach 21 Jahren vorweisen kann, ist endlos lang. Und die Projekte funktionieren ja auch, daran besteht selbst bei konkurrierenden Hilfsorganisationen kein Zweifel. Nur eines kann auch Böhm nicht so recht erklären: Warum steht Äthiopien schon wieder vor einer Katastrophe? Warum droht schon wieder eine Hungersnot biblischen Ausmaßes? Zehn, zwölf, vierzehn Millionen Menschen könnten sterben, wenn nicht sofort Hilfe geleistet wird. Das hat der äthiopische Premierminister Meles Zenawi erklärt. Und auch das Welternährungsprogramm der Vereinten Nationen (WFP) und viele andere Hilfsorganisationen schätzen die Not ähnlich dramatisch ein. Äthiopien, so scheint es, ist zum Synonym für Hungerkatastrophen geworden. 1984 starben hier mehr als eine Million Menschen, aber auch danach wurde fast dauernd gewarnt und um Hilfe gerufen, zuletzt im Frühjahr 2000, als die Welt erneut durch Bilder von verhungernden Kindern und Alten aufgeschreckt wurde. Und jetzt schon wieder.

Warum ist das so? Warum scheitert ein Land, das dreimal so groß ist wie Deutschland, an der Aufgabe, 64 Millionen Menschen zu ernähren? Und das, obwohl es über so viele fruchtbare Anbauflächen verfügt, dass es Überschüsse produzieren könnte? Liegt es wirklich nur an den geringen Niederschlägen, an der globalen Klimaveränderung und an der extremen Armut, wie Böhm immer wieder behauptet? Oder ist es nicht vielmehr so, dass es auch mächtige Profiteure des Hungers gibt? Herrschende, Hilfsorganisationen und Geberländer, die seit Jahren kein wirkliches Interesse daran haben, die Ursachen der Not zu bekämpfen, weil sie mitunter am Elend auch noch verdienen. Allein schon diese Vermutung, beschrieben in einem Kommentar der *SZ*, brachte Böhm dazu, an einem späten Abend anzurufen und zu sagen, man möge doch bald nach Äthiopien kommen, um sich ein Bild von der aktuellen Katastrophe zu machen.

So kam es zu der Reise. Und jetzt will Böhm den Bauern Bashir vorstellen, einen Nomaden, den er einst, Anfang der achtziger Jahre, in einem Hungerlager kennen gelernt und zu unterstützen begonnen hat. Heute sei er der »erfolgreichste Landwirt« der Umgebung. Also setzt sich der fast 75-jährige Helfer mit Hörgerät und Herzschrittmacher hinters Lenkrad seines Geländewagens und rumpelt über die steinige Piste. Nach ein paar Minuten bremst er plötzlich. »Ich kann es nicht fassen, vor kurzem war der Fluss noch so gewaltig, so voller Wasser, dass wir nicht über die Brücke kamen.« Heute ist er ausgetrocknet, ebenso ein großer See in der Umgebung. »Wenn die Industriestaaten nur wüssten, was sie mit ihrer Luftverschmutzung, mit der Zerstörung der Ozonschicht anrichten«, sagt er traurig. Dann braust er weiter.

Bashir, der Bauer, hat einen Acker, der vielleicht 150 Meter lang und ebenso breit ist. Trotz der Dürre befinden sich darauf Mangobäume, Tomaten, Kartoffeln, Maniok, Papaya und Bananen. Schon die jüngste Ernte vor ein paar Monaten fiel so gut aus, dass er viertausend äthiopische Birr damit verdient hat, das sind rund fünfhundert Euro, und das schaffen die meisten Bauern in Äthiopien im ganzen Jahr nicht. »Wenn es so weitergeht«, sagt der Mann, der in einem bedruckten T-Shirt gegen Frauenbeschneidung auf dem Feld steht, »dann kaufe ich mir bald einen Traktor.« Es sei, so erzählt er, trotz der Trockenheit nicht schwer, die Pflanzen zu gießen: Schon in fünfzig Zentimetern Tiefe stoße man auf Grundwasser. Mit einem kleinen Dieselgenerator, den er auf Kredit von Böhms Stiftung bekommen hat, pumpt er dieses zweimal am Tag aufs Feld. Das reicht, um in der Halbwüste fruchtbares Land zu haben.

Erfolg und Elend, Überschuss und Dürre liegen im Erer-Tal aber nur wenige Fahrminuten voneinander entfernt. Überall am Straßenrand sitzen Menschen und verkaufen Bündel mit Ästen und Zweigen. Sie holzen den letzten Waldbestand in dieser Gegend noch ab, um Feuerholz zu haben oder um ein bisschen Geld zu verdienen. Dhabo Aden zum Beispiel, eine allein erziehende Mutter von sechs Kindern, erzählt, dass ihr durch die Dürre erst die Kühe und nun auch die Ziegen gestorben sind. »Jeder verkauft jetzt Holz«, sagt sie, »aber wir bekommen fast nichts mehr dafür. Soll ich meine Kinder verhungern lassen?«

Auf einem freien Feld haben sich Tausende von Menschen versammelt, es sind zum Großteil Frauen, und sie warten in der glühenden Hitze auf ihre Essensrationen. Ein paar Kilo Mais, ein paar Kilo Weizen aus den USA, geliefert vom WFP. Ein Polizist drischt mit einem Stock auf die Anstehenden ein, weil sie zu sehr drängeln, und der Regionalchef der Regierung, Sahel Arab Yussaf, rennt sofort auf Böhm zu, als er ihn sieht: »Mr. Karl, Sie müssen uns helfen«, ruft er, »wir brauchen Essen für weitere vierzigtausend Menschen.« Doch dieser will erst mal wissen, warum der Mann jetzt Hilfe wolle, »vor zehn Jahren habt ihr meine Unterstützung abgelehnt«. Yussaf stutzt erst, um dann seine Bitte noch einmal vorzutragen. Auf die Frage, was denn die Regierung in den vergangenen Jahren gemacht habe, sagt er: »Wir haben die Not festgestellt. Seminare veranstaltet und geschätzt, wie viele Menschen Hunger haben.« Das ist alles? »Nein, natürlich nicht«, antwortet er, »wir haben auch drei Brunnen gegraben.«

Auch hier verkündet Böhm, dass er helfen werde, dann verabschiedet er sich unter Jubel. Auf der Weiterfahrt aber will er nicht in die Kritik einstimmen, die man derzeit fast überall im Land hört, von Diplomaten, Helfern und auch von Bauern. Die Regierung von Meles Zenawi, so heißt die gleich lautende Klage, tut nichts, um die Not zu bekämpfen, im Gegenteil, sie führte zwischen 1998 und 2000 auch noch einen verheerenden, extrem teuren Krieg gegen Eritrea und scheute sich nicht einmal, der restlichen Welt vorzuwerfen, dass sie angesichts des Hungers im Frühjahr 2000 nicht eingreife. Zenawi ging sogar so weit zu sagen, dass die Europäer wohl erst wieder Skelette auf dem Bildschirm bräuchten, um ein bisschen was zu spenden. Kaum hatte er das gesagt, startete seine Armee eine vernichtende Offensive gegen das kleine Nachbarland. Böhm sagt dazu: »Glauben Sie, Äthiopien hätte diesen Krieg nicht geführt, wenn die Menschen ohne unsere Hilfe verhungert wären?« Schuld seien die Banken, die Kredite für Waffen geben, und die Händler in Russland oder den USA, die die Rüstung geliefert haben. »Würden diese sich weigern, könnte das Land keinen Krieg führen.«

Selbst wenn man lange mit Böhm unterwegs ist, hört man kein Wort, das die Regierung wirklich kritisiert. Er sagt, er äußere durchaus Kritik, »nur werden Sie diese in keiner europäischen Zeitung lesen. Wer hier arbeitet, muss den Mut haben, die Regierenden persönlich zu kritisieren und nicht durch die Medien.«

Die Deutsche Welthungerhilfe ist nicht so zurückhaltend. In einer Presseerklärung klagte sie vor kurzem über die »zu geringen Investitionen der äthiopischen Regierung in die ländliche Entwicklung«, außerdem bemängelte sie das Landnutzungsrecht. Eigentum ist nämlich verboten. Kein Bauer in Äthiopien darf den Boden besitzen, den er bearbeitet. Was nicht nur dazu führt, dass die Menschen jederzeit von ihren Äckern vertrieben werden können, sie investieren auch nichts, weder in die Wasserversorgung noch in Werkzeuge. Der Hintergrund ist die immer noch vorherrschende sozialistische Ideologie der Regierenden, erklärt ein Diplomat in Addis Abeba. »Grundbesitz wird schlichtweg als Teufelswerk des Großbürgertums betrachtet. Das sitzt ganz tief in den Köpfen.«

Böhm sagt, dass Zenawi wohl nur lachen würde, wenn er ihn schon wieder auf eine Bodenreform anspräche. Er sei aber auch nicht hier, um zu belehren, sondern um zu helfen. Er habe auch gar nicht so viel Einfluss, seine Mittel reichten gerade mal, um zwei der vierundsechzig Millionen Äthiopier zu unterstützen.

Für viele andere Menschen aber sieht es ziemlich düster aus – dieses Fazit kann man nach vielen Gesprächen mit Helfern und vor allem Diplomaten ziehen. Und zwar deshalb: Seit dem 11. September 2001 ist Äthiopien ein enger Verbündeter im Kampf gegen den Terrorismus. Meles Zenawi war erst im Dezember bei George W. Bush im Weißen Haus. Sein Land ist Nachbar von Somalia, das angeblich islamische Extremisten beherbergt. An der Grenze zu Dschibuti, ganz in der Nähe des Erer-Tals, planen die USA einen Militärstützpunkt. Im Gegenzug wird Äthiopien schon massiv aufgerüstet und bekommt Lebensmittellieferungen. Für Washington ist die Essenshilfe ein billiges Geschäft, denn sie wird zum größten Teil über das WFP gebracht, das Amerika zu fünfzig Prozent finanziert – und zwar ausschließlich mit dem Überschuss an Mais und Weizen aus dem Mittelwesten. Winfried Zarges, der für die deutsche Gesellschaft für Technische Zusammenarbeit in Addis Abeba tätig ist, sagt: »Das wichtigste Ziel für das WFP ist, so viel Mais und Weizen wie möglich nach Äthiopien zu liefern.« Warum also sollte Zenawis Regierung die Landwirtschaft fördern, wenn es das Essen umsonst gibt? Mehr noch: Fast alle Hilfslieferungen müssen mit Transportfirmen der Regierungspartei im Land verteilt werden – und diese fordern überzogene Preise von den Helfern. Fünfzig bis hundertfünfzig Millionen US-Dollar nimmt die Partei damit pro Jahr ein und die Gewinne steigen mit der Zahl der Hilfsbedürftigen – eine Hungersnot ist also ein gutes Geschäft.

Es wird dunkel, wir fahren zurück in die Provinzstadt Harrar, wo »Menschen für Menschen«

ein Ausbildungszentrum gebaut hat, eines, das als Eliteschule für Automechanik, Elektrotechnik und Metallbau in Äthiopien gilt. Hier gibt es aber auch eine Brauerei und wie jeden Tag um 18 Uhr will Böhm eine Halbe Bier haben. Natürlich, sagt er, wisse er das alles, das mit den Transportkosten, das mit den USA und auch das mit der äthiopischen Regierung. Er verwende auch nur einen kleinen Teil der Spenden für solche Nahrungsmittelhilfen, »maximal acht oder neun Prozent«, baue lieber Schulen und Hospitäler, kämpfe gegen Frauenbeschneidung, und helfe den Bauern ihre Felder zu bewirtschaften. »Wir müssen den Menschen für die Zukunft helfen.« Als er weiterreden will, kommt ein Jugendlicher auf ihn zu und umarmt und küsst ihn. »Danke, Vater von Äthiopien.«

Böhm blickt verwundert, als der junge Mann wieder geht, dann sagt er: »Ich kenne den gar nicht, ich habe den noch nie gesehen. Können Sie sich jetzt vorstellen, welch ungemeine Freude mir die Arbeit macht?«

Spiel mir das Lied vom Tee

Korruption in Kenia

»Wie wäre es mit einem kleinen Tee?«, fragt der Polizist, der uns gerade an einer Straßensperre in Nairobi gestoppt hat. Die Papiere sind in Ordnung, das Auto ebenso. Und doch lässt der Beamte nicht locker. Er lächelt und fragt erneut nach einem »kleinen Tee«. Hier, auf der Stadtautobahn. Wo weit und breit kein Lokal zu sehen ist. Und mitten in der Nacht. »Sie wissen doch, was Tee bedeutet«, sagt der Mann und grinst. Jetzt sollte man verstehen, sonst gibt es Ärger. Dann geht's zur Polizeistation, wo auch noch die Kollegen des Beamten nach einem »kleinen Tee« fragen, und dann landet man in der Zelle – wenn man nicht freiwillig etwas rausrückt. 25, 30 Euro oder besser gesagt viele, viele »kleine Tees« müssen die Verwandten in der Regel zahlen, wenn sie einen solchen Delinquenten wieder freikaufen wollen. Das ist für viele Kenianer fast ein Monatsgehalt – und deshalb drücken die meisten Autofahrer den Polizisten schon am Straßenrand ein, zwei Euro in die Hand.

Es ist inzwischen auch egal, wonach die Polizisten fragen, nach Tee, nach Bier, nach Limo oder Kaffee. Sie müssten nicht einmal mehr fragen, denn jeder Kenianer weiß, dass sie *Kitu Kidogo* wollen, das ist Kisuaheli und bedeutet »etwas Kleines«. Und das wollen nicht nur die Beamten, sondern auch die Verwaltungsangestellten, die Ärzte, das Krankenhauspersonal, die Telekomtechniker, die Stromableser, die Wasserversorger, die Richter und die Staatsanwälte, die Lehrer und die Professoren. Natürlich sind die Menschen empört über diesen alltäglichen Raub. Aber noch keiner hat die Wut so schön formuliert wie Eric Wainaina. Der 28-jährige Sänger hat ein Lied geschrieben. Es heißt *Nchi ya Kitu Kidogo*, grob übersetzt: »Das Land des etwas Kleinen«, was nichts anderes heißt als: Das Land der Korruption. Der Song ist so erfolgreich, dass er schon nach kurzer Zeit zur zweiten Nationalhymne Kenias hochgelobt wurde.

»Wenn du eine Limo willst, Herr Inspektor«, singt Wainaina, »dann erfrisch dich doch mit Fanta.« Eine andere Zeile lautet: »Wenn du Tee willst, fahr nach Limuru« – das ist das bekannteste Tee-Anbaugebiet Kenias. In jeder Strophe wird ein anderer Bereich angeprangert: Im Krankenhaus gibt es keine Bettbezüge, weil das Personal sie für einen Euro auf dem Markt verkauft. Wer überfallen wird, bekommt von der Polizei die Auskunft: »Wir haben kein Auto, gib uns 75 Euro für Benzin, damit kannst du unseren Dienst unterstützen.« Und selbst derjenige, der sein Kind einschulen lassen will, muss dafür die Lehrer bestechen.

Die Beispiele sind so alltäglich, dass sich die Zeitungen mit Leserbriefen füllen. Die korrupten Stromwerke seien im Lied vergessen worden, schimpft einer, ein anderer will die Gerichte stärker angeprangert sehen, ein dritter verlangt, dass die hochkorrupten Regierungsmitglieder bloßgestellt werden. Doch Wainaina muss aufpassen. Sein Lied ist im staatlichen Radio tabu, nur die lokalen Privatsender Nairobis spielen es.

Es gab, erzählt der Sänger, bislang nur eine Situation, die wirklich brenzlig war. Auf einem staatlichen Musikfestival saß Vizepräsident George Saitoti in der ersten Reihe, und der wird seit Jahren mit dem spektakulärsten Korruptionsskandal in Verbindung gebracht. Mehrere Hundert Millionen Dollar wurden mit falsch deklarierten Gold- und Diamantenexporten unterschlagen, was insofern pikant ist, als Kenia weder über Gold noch über Diamanten verfügt. Als Wainaina zu singen begann, forderten die Sicherheitsbeamten ihn auf, sofort aufzuhören. »Ich dachte mir«, sagt der Musiker, »bloß weil mein Lied ein paar Leute ärgert, werde ich doch nicht aufhören zu singen.« Daraufhin wurde ihm das Mikrofon abgedreht, was zu wütenden Protesten der Zuschauer führte.

»Ich will keine Politik machen«, sagt Wainaina, »aber unser Staatsgründer Jomo Kenyatta sagte: ›Nichts ist umsonst.‹ Damit meinte er, dass wir hart arbeiten müssen, um Kenia aufzubauen. Heute heißt es: ›Für alles muss bezahlt werden.‹« An dieser Einstellung werde auch sein Lied nichts ändern. Dann zögert er kurz, sagt: »Oder vielleicht doch«, und erzählt ein Erlebnis: Unlängst wollte er eine neue Zulassung für sein Auto haben, 75 Euro Bestechungsgeld forderte der Beamte dafür. Wainaina legte ihm seine CD auf den Tisch: »Um Gottes willen«, meinte der Mann, »Sie sind das.« Daraufhin gab es die Lizenz ohne die übliche Aufforderung zum Tee.

Wenn Nyagakangaga kommt

Warum die letzten 359 Berggorillas der Erde den Tourismus ebenso zu fürchten haben wie die Bürgerkriege – und trotzdem auf ihn angewiesen sind

Wie konnten wir nur glauben, dass dies eine harmlose Safari werden würde, hier, mitten im zentralafrikanischen Regenwald? Durch knöcheltiefen Schlamm geht es steil bergauf, immer dem Tierarzt, den vier Soldaten und den fünf Fährtenlesern hinterher. Sie schlagen mit Macheten einen Pfad ins grüne Blättergewirr, zwängen sich auf allen Vieren unter Büschen hindurch oder klettern über umgestürzte, moosbewachsene Bäume. Jetzt, auf 3100 Metern Höhe, ist die Luft so dünn und schwül, dass es einem schwindlig wird. »Zur Seite«, schreit einer der Männer plötzlich, »zur Seite, verdammt noch mal, schnell!« Wir hüpfen ins mannshohe Brennnessel-Gebüsch. Die Blätter, der Bambus, ja sogar der weiche Boden vibrieren, als Nyagakangaga auf die Touristin zurennt. Sie hat ihm den Rücken zugedreht. Fast zwei Meter ist der Berggorilla groß und mehr als zweihundert Kilo schwer. Er packt die Frau am Ärmel und reißt sie mit sich. Da hilft es auch nichts, dass ein Spurensucher versucht sie festzuhalten. Der riesige Affe zerrt beide durchs Gebüsch. Nach ein paar Metern lässt er sie im Matsch liegen.

Es ist genau das passiert, was nicht passieren darf. So eine Attacke kann für den Gorilla tödlich sein. Nicht, weil die Soldaten auf ihn schießen würden, wenn er die Touristin beißen oder schlagen sollte. »Das macht Nyagakangaga nicht«, sagt Tierarzt Chris Whittier, der die verschreckte Frau untersucht. Sie hat nicht einmal einen blauen Fleck. »Gorillas verletzen andere nur im äußersten Notfall, wenn sie angegriffen werden«, erklärt der 33-jährige Amerikaner, der die Tiere seit einigen Monaten beobachtet. Der Affe habe nur zeigen wollen, dass er der Chef in diesem Gebiet ist. »Er mag es eben nicht, wenn man ihm den Rücken zudreht.« Für den Gorilla aber ist der direkte Kontakt mit einem Menschen lebensgefährlich. Er könnte sich mit Schnupfen-, Husten-, Herpes- oder Grippeerregern infizieren, wie der Tierarzt erläutert. »Berggorillas besitzen für solche menschlichen Krankheiten keine Antikörper. Sie sterben daran.«

Dennoch ist paradoxerweise nicht zuletzt der Gorilla-Tourismus hier im Nordwesten Ruandas mit bis zu dreihundert Besuchern im Monat ein Grund dafür, dass weltweit überhaupt noch 359 solcher Berggorillas leben. Sie sind alle im Virunga-Park zu finden, einer Kette von sechs Vulkanen, die die Grenze zwischen Ruanda, Kongo und Uganda bilden.

Gorillas sind die größten der Menschenaffen. Sie ernähren sich von Blättern, Stielen oder Schösslingen von Pflanzen und sie gelten als gutmütig und scheu. Während Orang-Utans in Indonesien zu finden sind, leben Gorillas ebenso wie Schimpansen und Bonobos auf dem schwarzen Kontinent – rund 95.000 so genannte Tieflandgorillas in

Westafrika, weitere zweitausend in Ostafrika. Zu den Berggorillas wurden früher auch dreihundert Tiere im Bwindi-Nationalpark in Uganda gezählt, doch sind diese nach neueren Forschungen eher der Tiefland-Spezies zuzurechnen. Bleiben also die 359 Berggorillas im Virunga-Park, eine Gruppe so einzigartig wie die Vulkane, zwischen denen sie leben.

Bis zu 4507 Meter hoch ragen die Feuerberge auf, ihre Spitzen stecken in schwarzen Gewitterwolken, riesige Nebelfetzen steigen aus dem Dschungel auf, und blickt man lange genug ins feuchte Grün, glaubt man den wuchernden Efeu, die Brennnesseln und den Bambus in dieser Schwüle förmlich wachsen zu sehen.

In dieser Regenwald-Idylle fällt es schwer daran zu denken, dass dies für die letzten Berggorillas der Erde ein ziemlich schlechter Platz zum Überleben ist. Das Virunga-Massiv wird seit Jahren von verheerenden Kriegen bedroht, undurchschaubar wie das Pflanzenwerk im Regenwald. Seit einem Jahrzehnt dient die Region Millionen von Menschen als Fluchtweg – erst für die Tutsi während des Völkermordes in Ruanda, dann für die Hutu, als die Tutsi die Macht übernahmen. Später noch einmal für die Hutu, die sich vor der kongolesischen Rebellion gegen den Diktator Mobutu Sese Seko in Sicherheit bringen wollten. Und seit drei Jahren ist der Dschungel die lebensrettende Brücke für all die Menschen, die dem immer noch anhaltenden Bürgerkrieg im Kongo entkommen wollen. Als wäre das nicht genug, haben sich auch noch Tausende von Hutu-Milizen in dieser Gegend verschanzt mit der Absicht, die Tutsi-Regierung in Ruanda zu stürzen.

Von ihnen ist hier mitten im Dickicht nichts zu sehen, man hört auch nichts außer dem eigenen Atmen und den Schritten im Schlamm. Erst später werden wir vom Chef-Aufseher des Parks, François Bizimungu, erfahren, dass mindestens zwei Dutzend weitere Soldaten uns eingekreist haben. Sie kämmen das Gebiet nach Hutu-Milizen durch, die sich immer wieder auf der anderen Seite des Vulkans Karisimbi aufhalten. Der Rücken des Berges gehört schon zum Kongo.

Sobald der erste Tourist getötet würde, wäre der Schutz der Berggorillas stark gefährdet, sagt Bizimungu. Die staatliche Parkaufsicht bekommt nach seinen Worten von der ruandischen Regierung nur das Geld, das sie von den Besuchern einnimmt. Pro Person kostet der Eintritt 250 Dollar. Das reicht gerade für die Gehälter der Angestellten, damit diese täglich die Gorilla-Familien suchen und nachsehen können, ob noch alle Tiere gesund sind.

Es geht bergan, nach einigen Hundert Metern entdecken die Fährtenleser Nyagakangaga wieder. In einer Lichtung steht er aufrecht da, knickt gerade eine unterarmdicke Bambusstange durch. Als er uns sieht, trommelt er mit den flachen Händen auf die Brust. Die Männer nähern sich und machen dabei Laute, die wie ein geräuspertes »Hmmh Hmmh« klingen. »Sie versuchen ihm zu sagen, dass wir jetzt kommen, dass wir Freunde sind«, sagt der Tierarzt Whittier, »was bei Nyagakangaga nicht einfach ist.« Für ihn ist der zwölf

Jahre alte Gorilla ein Unruhestifter, eine Art Türsteher seiner Familie von 34 Menschenaffen, zu der er gehört. Nyagakangaga – der Name bedeutet Oktober, nach dem Geburtsmonat – ist ein so genannter Schwarzrücken, ein männlicher Berggorilla, der fast geschlechtsreif ist und sich uns dauernd in den Weg stellt. Wir sollen nicht näher an die anderen Tiere herankommen, an Mukuru zum Beispiel, die hinten im Busch sitzt. Dreißig Jahre ist sie alt und blickt uns Menschen mit fragenden, vorwurfsvollen Augen an, als ob man eine alte Dame beim Bridgespielen stören würde. Da ist auch Poppy, die Gorilla-Frau, die oben in den Baumkronen sitzt und ein Baby in den Armen hält. Und nur schemenhaft kann man die anderen Familienmitglieder sehen. Vorne im Nebel laufen sie.

Es ist eine Kinokulisse, in der man hier steht, es sieht aus wie in »Gorillas im Nebel«. Dieser Hollywood-Film hat die Tiere 1988 weltweit bekannt gemacht. Er basiert auf dem Tagebuch der Forscherin Dian Fossey. 1963 hat sie die Berggorillas zum ersten Mal auf der kongolesischen Seite der Virunga-Berge besucht, vier Jahre später schlug sie auf der ruandischen Seite ihr Zeltlager auf, um die Berggorillas aus nächster Nähe zu beobachten. Ihr Buch beschreibt ihr jahrelanges Dschungelleben und ihren radikalen Kampf gegen die Affenjagd. 1985 wurde Dian Fossey ermordet, es wird vermutet, dass ein Wilderer der Täter war.

Dass hier auch heute noch gejagt wird, erkennt man an den fehlenden Händen oder Füßen einiger Berggorillas. »Die haben sich in den Fallen verletzt«, sagt der Fährtenleser Anaclet Budahera. Bauern oder Rebellen versuchen Antilopen, Gazellen oder Büffel zu fangen, in den Schlingen und Drähten verheddern sich auch immer wieder Affen, »wir finden bis zu zwei Dutzend solcher Fallen am Tag«. Im Kongo ist die Situation nach Auskunft des Fährtenlesers noch schlimmer. Dort gelten geräucherte Affen als Spezialität. Er selbst habe Dampfer auf dem Kongo-Fluss gesehen, über deren Kaminen tote Schimpansen und Gorillas hingen. »Es ist doch klar, dass die Kongolesen jetzt im Park nach Affen suchen, die haben wegen des Krieges nichts mehr zu essen«, sagt der Mann. Das sei auch der Grund dafür, dass sich die meisten der 359 Berggorillas auf der ruandischen Seite der Virunga-Berge befänden, obwohl der kongolesische Teil des Parks mindestens genauso groß ist. »Die Tiere sind sehr schlau, sie erkennen die Gefahren, sie sind wie die Menschen zu uns herübergeflohen.« Für die verwandten und ebenfalls gefährdeten Tieflandgorillas im Ostkongo gibt es diese Ausweichmöglichkeit nicht. Im Kahuzi-Biega-Nationalpark sind nach jüngsten Berichten Hunderte der geschätzten zweitausend Tiere abgeschlachtet worden.

Die Spurensucher fangen an laut zu lachen. Nyagakangaga sitzt vor ihnen in der Hocke und erledigt sein Morgengeschäft. Kaum ist er fertig, rennt Tierarzt Whittier zu dem frischen Häufchen, zieht ein Thermometer und ein Lineal aus der Tasche und misst. Anschließend schaufelt er den Affenkot in eine Plastiktüte. »Solange es frisch ist«, sagt er, »kann man genau bestimmen, von wem es ist, was das Tier gegessen hat und ob es gesund ist.«

Ein ruandischer Soldat starrt auf die Tüte und schüttelt den Kopf, der Arzt sieht es und schmunzelt. »Die Berggorillas sind in einer überraschend guten Verfassung«, sagt Witthier. Nach seinen Angaben gab es 1989 nur noch 324 dieser Tiere, trotz der Kriege, trotz der Flüchtlinge haben sie sich fortgepflanzt. »Wir waren ziemlich verblüfft, als jetzt auf einmal 359 gezählt wurden.« Dennoch ist es ungewiss, ob die Berggorillas überleben. »Eine gesunde Population sollte mindestens fünfhundert Tiere haben, sonst kommt es zu Inzucht, Missgeburten und Unfruchtbarkeit. Man kann nur hoffen, dass sie es auch so schaffen.«

Wir müssen den Park verlassen. Länger als eine Stunde darf kein Tourist die Gorillas besuchen. »Danach werden die Tiere unruhig«, sagt Fährtenleser Budahera. Auf dem Weg nach unten endet der Regenwald schon nach wenigen hundert Metern. Direkt an den Dschungel grenzt ein Kartoffelacker. Dem Bauern Thomas Ntibisanganwa gehört das Feld. Es liegt auf 2940 Metern Höhe. Ist es schwierig, in dieser Höhe Gemüse anzubauen? Der Mann blickt zunächst etwas verständnislos, dann bückt er sich und zieht eine faustgroße Kartoffel aus der Erde. »Oft kommen die Büffel aus dem Regenwald und fressen mir meine Kartoffeln weg«, sagt der Landwirt, »das zahlt mir keiner. Aber vergrößern darf ich mein Feld auch nicht, obwohl dort oben im Dschungel noch so viel Platz ist.«

Außerhalb des Regenwalds gibt es fast keinen Quadratmeter Erde mehr, der nicht kultiviert ist. Selbst an Steilhängen werden Bananen, Maniok, Mais, Hirse oder Mangos angebaut. Der einzige Wald, den es in dieser Gegend gibt, ist der Virunga-Dschungel. Er ist wie eine Insel, die von den Äckern landhungriger Menschen umzingelt ist. Und sie wird immer kleiner. Als das Schutzgebiet 1925 gegründet wurde, war es auf der ruandischen Seite 34.000 Hektar groß, heute sind es noch 12.000 Hektar. Allein nach dem Völkermord an den Tutsi sollen 75 Millionen Bäume gefällt worden sein, um die Flüchtlingslager zu versorgen. »Natürlich holen viele Holz aus dem Dschungel«, sagt Bauer Ntibisanganwa, »es ist unbezahlbar geworden.« Vor drei Jahren hat ein Sack Holzkohle umgerechnet ein Euro vierzig gekostet, heute sind es schon mehr als fünf Euro. »Womit sollen wir Essen kochen«, fragt der Mann, »womit sollen wir unsere Hütten heizen?«

Viele tausend Menschen leben am Fuß des Karisimbi-Vulkans. Es sind kongolesische Flüchtlinge oder ruandische Hutu oder Tutsi, die in ihr Land zurückgekehrt sind. Die Vereinten Nationen und andere Hilfsorganisationen versorgen sie mit Essen, Medizin und Decken. Dicht gedrängt hausen die Vertriebenen unter Plastikplanen, in Lehmhütten oder Holzverschlägen. Jungen und Mädchen rennen barfuß durch den Schlamm, fast allen läuft die Nase, und ihre löchrigen Hemden sind vom Braun des Lehmbodens gefärbt. Als sie uns sehen, umzingeln sie uns. Sie wollen die leere Plastik-Wasserflasche, zum Fußballspielen.

Auch das Hauptquartier des Parks liegt zwischen den Flüchtlingslagern. Es ist ein gemauertes Häuschen. Hier gibt es Gorilla-T- Shirts, Landkarten und Fotos. Vor der Tür wartet Anecto Kayitare. Er arbeitet für das International Gorilla Conservation Programme, eine Tierschutzorganisation, die unter anderem vom World Wide Fund for Nature und der African Wildlife Foundation unterstützt wird. Kayitare will, dass der gesamte Virunga-Park zum Weltkulturerbe erklärt und somit besonders geschützt wird. »Die Berggorillas sind nach den Schimpansen unsere nächsten Verwandten, die dürfen wir nicht einfach sterben lassen«, sagt er, »von ihnen können wir etwas über uns Menschen erfahren.«

Kayitare erzählt von den Jahren 1994 und 1995, als Berggorillas erschossen wurden, weil sie zwischen die Fronten der Bürgerkriege gerieten oder im Dickicht des Dschungels mit Rebellen verwechselt wurden. Von 1996 bis 1999 war der Park wegen der Kämpfe und der Fluchtbewegungen gesperrt. »Das war die härteste Zeit für uns. Da haben selbst Minister gesagt: ›Spinnt ihr? In unserem Land sind Hunderttausende von Menschen umgebracht worden und ihr wollt uns etwas vom Schutz der Gorillas erzählen?‹« Danach aber, als sich die Situation ein wenig entspannt hatte, habe es von den selben Leuten auf einmal geheißen: »Was, die Affen gibt's noch? Das ist ja super. Dann kommen auch wieder die Touristen.«

Seitdem siedelt die Regierung keine Flüchtlinge mehr im Regenwald an. Das Holz- oder Wasserholen ist verboten worden, die Besucherzahlen steigen stark. Es wird darüber nachgedacht, den Eintrittspreis auf fünfhundert Dollar zu erhöhen.

Lamu, die Insel zwischen den Welten

Unterwegs vor der kenianischen Küste

Wenn es nicht schon zu spät wäre, würde das kenianische Inseldorf Shela nicht erwähnt werden. Dort, wo Machiavelli, Banana, Monika und Sidiki leben, wo hölzerne Segelboote lautlos über das Wasser ziehen, der Muezzin fünfmal am Tag zum Gebet ruft und der Uhrenfabrikant, Mombasa-Joe und natürlich auch der »Prinsi« immer wieder mal vorbeischauen. Eigentlich, und das ist ja der Wunsch von fast allen, sollten sie unter sich bleiben. Selbst wenn es schon eine Schlägerei gegeben hat. So etwas kommt in vielen Dörfern vor und niemand außerhalb des Ortes interessiert sich dafür. Die Insel Lamu vor Kenias Küste und das kleine Shela aber werden seit einigen Jahren nicht mehr in Ruhe gelassen, und damit haben die Probleme angefangen.

Das Unglück begann vermutlich, als Anfang der Neunziger ein Mann aus Hannover hier an der Küste Ostafrikas Urlaub machte. Er staunte über das Meer, den unberührten Sandstrand, die Affenbrotbäume, die Palmen und die orientalischen Kalksteinhäuser. Das Beeindruckendste aber war eine unglaubliche Begegnung. Er residierte im Peponi, dem damals einzigen Hotel in Shela. Das gehört laut Dumont-Reiseführer zu den zweihundert schönsten kleinen Herbergen der Welt und ist nicht gerade billig. Die Nacht kostet zwischen 300 und 350 Euro, und das, obwohl die Zimmer weder Fernsehen noch Minibar haben und die Steckdosen auch ohne die vielen Stromausfälle nutzloser Zimmerschmuck sind. Dafür aber konnte der Besucher daheim erzählen, dass er im Garten des Hotels mit Mick Jagger Fußball gespielt habe.

»Als ich das gehört habe, war klar, dass ich da ungestört hinfahren kann.« Der Uhrenfabrikant aus Hannover sitzt mit Sonnenbrille und Handtuch bekleidet auf der Terrasse des Beach House und schwärmt von der Unberührtheit und von der »mittelalterlichen Schönheit« des Dorfes. Gibt es doch nur ein einziges Auto auf der Insel und ansonsten nur Ruhe und Wellengeplätscher. Der Mann kommt seit 1993 jedes Jahr und hat es nicht nötig, im Peponi zu residieren. Ob er aber die 15.000 Euro pro Woche wirklich gezahlt hat, die das Beach House, dieser dreistöckige Traum mit Swimmingpool und Meerzugang, in der Hochsaison kostet, darüber spricht man in seiner Gesellschaft nicht. Er will nicht einmal seinen Namen genannt wissen. »Wir haben es lieber diskret.« Eines aber sagt er immer wieder: »Shela verträgt nur ganz, ganz wenig Touristen. Der Medienrummel um meinen Freund war schon viel zu viel.«

Womit Ernst August von Hannover ins Spiel kommt. Auch der fährt seit vielen Jahren ins Beach House nach Shela und wird von den Bewohnern nur »Prinsi« genannt, was Kisuaheli ist und Prinz bedeutet. Hier konnte der Mann machen, was er wollte. Selbst Caroline von Monaco lief entspannt durch die Gassen, ohne dass sich irgendwer für sie interessierte. Die Dorfbewohner mögen die beiden. Nicht zuletzt, weil Ernst August sehr großzügig ist. Machiavelli zum Beispiel, ein Junge aus Shela, erzählt, dass der Adelige die Dorfschule mit sehr viel Geld unterstützte. Und dass er selbst schon mal ein »riesiges Trinkgeld« bekommen habe. »Er hatte Schwierigkeiten, sein Haus in der Dunkelheit zu finden, da habe ich ihn zum Eingang gebracht.« Die Sache mit dem Disko-Besitzer Josef Brunnlehner, der sich selbst gern Mombasa-Joe nennt, sei schon in Ordnung gewesen, sagt Machiavelli. »Wenn der Prinsi und seine Freunde schlafen wollen, geht es doch nicht, dass jemand bis vier Uhr morgens laute Musik macht.« Die Geschichte mit den Ohrfeigen für Brunnlehner ist hinlänglich bekannt. In Deutschland sorgte sie für Aufregung und einen Gerichtsprozess, auf Lamu hingegen sind Brunnlehners Lautsprecher seitdem verstummt. Nur der Prinz findet keine Ruhe mehr. Wann immer er jetzt auf die Insel kommt, taucht auch, so Machiavelli, »eine Armada von Paparazzi auf«. Machiavelli ist einer, der den ganzen Tag am Strand sitzt. So wie viele Jungs aus dem Dorf. Wenn ein Tourist vorbeikommt, laufen sie auf ihn zu und bieten ihm Mondscheinfahrten im Segelboot an, Schnorchelausflüge, Angeltouren oder aber »was immer Sie wollen, wir besorgen es Ihnen«. Was durchaus ernst gemeint ist und vor allem die Dorfbewohner ärgert. Verdienen die Strandjungs doch oft 25 oder 30 Euro die Stunde, was für die Arbeiter von Lamu nahezu obszön ist. Ihre Monatsgehälter liegen bei 50 bis 60 Euro. Nicht zuletzt deshalb sind die Beach Boys bei den Dorfbewohnern verhasst. »Es sind doch nicht die Touristen schuld, dass es mit Shela bergab geht«, sagt der Hotelbesitzer Sidiki Abdulrahman, »es sind diese faulen Kerle, die statt zu arbeiten lieber in der Sonne sitzen, den Urlaubern Geld und Sonnenbrillen abschwatzen und Haschisch rauchen.«

Würde Shela auf einer spanischen Insel liegen, wäre alles vermutlich kein Problem. Dort ist man Urlauber gewöhnt. Das kenianische Fischerdorf aber ist wohl einzigartig in Afrika. Nirgendwo sonst leben Einheimische so dicht an dicht mit den Fremden und oft sagenhaft reichen Touristen. Nirgendwo sonst wird an der Ostküste des Kontinents die Religion so streng genommen wie auf Lamu. In keinem einzigen Geschäft gibt es Alkohol zu kaufen, Frauen laufen mit schwarzen Kopftüchern durch die engen Gassen, es gibt fünf Moscheen für tausendfünfhundert Einwohner und noch vor fünf, sechs Jahren setzte es für jedes Kind Prügel, wenn es einem der bis dahin wenigen Ausländer das Dorf gezeigt hatte. Es habe bis 1981 nicht mal eine Schule gegeben, sagt Mohamed Ali Mbarak, der in Shela unter dem Namen Banana bekannt ist. »Unsere Eltern wollten nicht, dass wir etwas anderes lernen als das, was sie uns beibringen. Alles andere, haben sie gesagt, würde uns versauen.«

Inzwischen gibt es die vom Prinz geförderte Schule, inzwischen wird sogar Englisch unterrichtet. Aber es gibt auch etwas, das bis vor kurzem in Shela undenkbar war: Bettler, alte Männer oder Kinder, die von den Touristen Geld oder Kugelschreiber haben wollen. »Alle schwärmen von den Wundern des Tourismus«, sagt das geistliche Oberhaupt von Shela, Mullah Ahmed Mohamed Omar, »keiner sagt, wie zerstörerisch er ist. Die Kinder hören nicht mehr auf ihre Eltern, sie wollen Alkohol haben, Geld und Luxus. Shela gibt den Fremden mehr, als das Dorf zurückbekommt.«

Auch Banana hörte nicht auf seine Familie und seinen »sehr, sehr strengen Großvater«. Zum Entsetzen aller hat er die Holländerin Monika geheiratet. Die kam vor vier Jahren zum ersten Mal nach Lamu, sah die Insel, sah den Beach Boy Banana und entschied sich, nie mehr wieder Damenoberbekleidung verkaufen zu wollen. »Was soll der Mist in Holland, habe ich mir gedacht, hier kann ich endlich frei sein und selbst an einem Dienstag Hummer essen.« Inzwischen haben die beiden ein Reisebüro im Dorf eröffnet.

Sitzt man mit Banana und Monika auf der Dachterrasse ihres Hauses, kann man Shela überblicken. Viele Gebäude sind verwittert, schwarz verfärbt oder gar eingestürzt. Daneben aber stechen mehrere Dutzend frisch renovierte Häuser heraus. Mit strahlend weiß gekalkten Wänden, Ornamenten und bemalten Rundbögen und riesigen Blüten und Büschen. »Fast alle neuen Häuser gehören Europäern«, sagt Banana, »seit drei, vier Jahren wird einer Familie nach der anderen ihr Zuhause weggekauft.« Kostete ein Grundstück vor zehn Jahren noch 35.000 Euro, seien es heute weit über eine Million. »Die Dorfbewohner hören die Verkaufspreise und wollen nur noch ihre Hütten losbekommen, aber wo werden sie in ein paar Jahren leben, wenn das ganze Dorf Ausländern gehört?«

Bei Sonnenuntergang lädt der Uhrenfabrikant zum Sundowner. Er blickt auf die Segelboote, die Fischer und die Kinder, die im Meer planschen, und beginnt zu sinnieren. Was wohl wäre, sagt er nach der zweiten Bloody Mary, wenn Shela endlich eine funktionierende Verwaltung hätte. Wenn es richtige Wasser- und Stromleitungen gäbe und das mit der »kenianischen Misswirtschaft und Korruption« endlich aufhören würde. »Dann wäre die Insel das absolute Paradies.«

Keine Angst, die Löwen sind im Keller

Ein Besuch bei Negaso Gidada, dem äthiopischen Staatspräsidenten, der im Palast von Haile Selassie wohnen muss

Gott sei Dank, keine Löwen, nirgends. Nur die aus Stein. Die hängen am Eingang, in zehn Metern Höhe, schauen grimmig, können aber nicht beißen. Auch drinnen gibt es keines dieser Tiere lebend, nur als Porzellanfiguren. Echte Tiger aber kommen vor, und Eisbären, doch von ihnen sind zum Glück nur mehr das abgetretene Fell und der Schädel übrig.

Die Zeiten haben sich geändert. Egon Bahr und Walter Scheel mussten sich Anfang der siebziger Jahre noch gegenseitig in den Palast von Äthiopiens Kaiser Haile Selassie schieben, wie sich Bahr in seinen Memoiren erinnert. Denn der »König der Könige, Löwe von Juda und Auserwählte Gottes« empfing seine Gäste immer nur in Anwesenheit der kaiserlichen Wappentiere, der Löwen. Und die waren damals nicht nur lebendig, sondern auch noch freilaufend.

Heute geht's entspannter zu. Der Wächter hat nur gewunken, als er das Auto sah, und auch im Park des Kaiserpalastes in Äthiopiens Hauptstadt Addis Abeba kümmert sich kein Mensch um die Besucher. Richtig empfangen wird man erst am Eingang des riesengroßen Gebäudes, das extreme Gegensätze perfekt verbindet: Teilweise sieht es aus wie ein sozialistischer Plattenbau, in anderen Teilen erinnert es an das Schloss von Versailles. Hier wuchsen Monarchie und marxistische Diktatur zusammen, und trotzdem bilden die Versatzstücke alles in allem ein einheitliches, prächtiges Ding.

»Ja, Moment noch«, sagt der freundliche Herr am Eingang, »der Präsident kommt gleich.« Zeit genug also, sich ein bisschen umzusehen. Natürlich dominiert im Inneren des Kaiserpalastes der Prunk. Riesige Kronleuchter, Perserteppiche, Gobelins, Elfenbein, Gold. Doch zwischen all diesen edlen Dingen finden sich auch Schmuckstücke, die man fast schon vergessen glaubte. Der berühmt Sektkühler zum Beispiel: Zieht man die Flasche raus, öffnet sich gleichzeitig ein Kranz mit Zigaretten. Herrlicher Kitsch aus den siebziger Jahren. Auch alte Schwarz-Weiß-Fernseher stehen rum, in fast jeder Ecke einer, und Plattenspieler, für die man sicher noch Schellackplatten braucht. Bei all dem Pomp könnte man glatt vergessen, dass sich gleich ums Eck die kaiserliche Toilette befindet, die nicht weiter erwähnenswert wäre, hätten die Schergen des marxistischen Diktators Mengistu Haile Mariam den Kaiser 1975 nicht umgebracht und die Überreste des 83-Jährigen direkt darunter vergraben. Erst nachdem Mengistu 1991 gestürzt worden war, bekamen die noch übrig gebliebenen Knochen des Kaisers ein ordentliches Grab.

So ungewöhnlich wie die Geschichte des Palastes ist auch die des derzeitigen Hausherrn, der eine vergleichbare Stellung in Äthiopien hat wie der Bundespräsident in Deutschland. Im Fahrstuhl geht's hinauf in den zweiten Stock, wo Negaso Gidada selbst die Tür aufmacht. Mit »keine Ahnung, wo gerade wieder mein Wachpersonal ist« begrüßt er den Besuch. Gidada gibt sich als offener, zugänglicher Mensch, als einer, der meist lächelt, immer nachdenklich zuhört, wenn ihm eine Frage gestellt wird, der sich räuspert, wenn ihm etwas unangenehm ist, und der Sätze sagt, die man von einem Präsidenten nicht erwartet. Er hebt zum Beispiel seine Kaffeetasse hoch, mustert sie und sagt dann: »Also, dieser Goldrand, das geht doch nicht. Draußen gibt es so viele Arme und wir trinken aus Tassen mit echtem Goldrand. Das muss anders werden. Ich möchte ein Präsident für das Volk sein.«

Vielleicht liegt es ja am Vorwissen, dass man in dem 55-Jährigen nicht den Präsidenten sehen kann, sondern einen älter und reifer gewordenen Mitbewohner einer Studenten-Wohngemeinschaft in Deutschland. Immerhin hat er 17 Jahre in Frankfurt am Main gelebt, Völkerkunde, Sprachen, Sozialpsychologie und Geschichte studiert und anschließend promoviert. Außerdem leitete er fünf Jahre das Dritte-Welt-Haus im Westend. Damals lernte er eine deutsche Krankenschwester kennen, eine Entwicklungshelferin, die gerade aus Ruanda zurückgekommen war, und heiratete sie. Sie ist noch heute die Frau des Präsidenten, darum wird Gidada von seinen Landsleuten auch gerne als »der Deutsche« bezeichnet.

Was war das denn für ein Gefühl, auf einmal Präsident zu werden, 1995, nachdem er jahrelang in Frankfurt in einer WG gelebt und gegen das marxistische Regime in Äthiopien nur aus der Ferne gekämpft hatte? Wie ist das, wenn man auf einmal in den Kaiserpalast ziehen darf, wo sich nicht nur Haile Selassie, sondern auch der Diktator Mengistu ziemlich wohl gefühlt hat? »Ach«, sagt der Präsident, als sei ihm die Frage peinlich, »natürlich war das eine Überraschung. Ich habe da nicht im Traum daran gedacht, dass das mal so sein wird, aber ehrlich gesagt: Diese ganzen Dinge jucken mich nicht.« Er benutze nur wenige Zimmer im zweiten Stock. Unten im Erdgeschoss gebe er ab und zu Staatsempfänge, aber: »Ich werde eine neue, viel bescheidenere Residenz bauen lassen, für diesen Prunk hier wurden doch unsere Leute ausgebeutet.« Der alte Kaiserpalast solle ein Museum werden, die Besucher sollen kostenlos reinkommen, »nur für das Parken wollen wir eine Gebühr verlangen«.

Mit jedem Wort zeigt sich Gidada als volksnah, bescheiden, dem Willen seines Landes gehorchend. Aber man muss sicher noch andere Qualitäten haben, wenn man Präsident eines Landes werden will. Zum Beispiel braucht es einen ausgeprägten Willen zur Macht und eine entsprechende Kompromisslosigkeit. Doch Gidada, der nach 1991, nach dem Sturz Mengistus, erst Arbeits- und dann Informationsminister war, äußert sich zu biografischen Fragen selbstlos. Er sei nur deshalb Präsident geworden, weil sie »einen Mann gesucht haben, der ein gewisses Alter hat und von den Menschen akzeptiert wird«. Leider wollte der Professor, den sie ausgewählt hatten, diesen Posten nicht. »Dann habe ich es eben gemacht, denn den Interessen des Landes muss ich gehorchen.«

Bei so viel Pflichtbewusstsein für Äthiopien ist es auch kein Wunder, dass sich Gidada zwar positiv über Deutschland und seine Zeit in Frankfurt äußert. Aber all die Jahre, sagt er, habe er sich immer als Emigrant, als Fremder gefühlt, als einer, der unbedingt zurück müsse, in sein Land, das von einem Terrorregime befreit werden müsse. Nach Deutschland komme er heute nur mehr selten, auch sei er sehr enttäuscht, was seine ehemaligen Freunde in diesem Land machten. »Das soll einer verstehen, was die Grünen und die SPD gerade veranstalten«, sagt er. »Wir haben doch damals alle diese Ideen diskutiert, und jetzt, wo sie an der Macht sind, haben sie unsere Ideale vergessen.«

Nein, das sei kein schönes Thema, sagt er und führt den Besucher zum Fenster. Er zeigt seinen Garten, in dem Paviane herumspringen, den Tennisplatz, den er nicht benutzt, und den Swimming-Pool, in dem er wegen eines Leidens immer wieder seine Runden drehen müsse. »Kommen Sie doch mal wieder auf einen Kaffee vorbei«, sagt der Präsident noch zum Abschied, und: »Keine Angst, die Löwen gibt's noch, aber die sind unten im Keller.«

Mitten in Nairobi

Casinobesuch

Nein, natürlich ist es nicht korrekt, in einem Entwicklungsland ins Casino zu gehen. In einer Stadt, in der die meisten Menschen nicht einmal fünfzig Euro im Monat zum Leben haben. Dennoch gibt es in Nairobi ein Dutzend solcher Spielhöllen, und jeden Abend sind sie voll. Das Bier gibt's umsonst, wer Bingo spielt, darf sich auch noch am Büffet bedienen, ansonsten gelten folgende Regeln am Roulettetisch: dreißig Cent sind der Mindesteinsatz auf Zahl, wer auf Rot oder Schwarz, Ungerade oder Gerade wettet, muss sechs Euro hinlegen.

Für europäisches Verständnis wird hier ziemlich ungewöhnlich gespielt – auf den ersten Blick jedenfalls. Die Casinobesucher setzen nur auf 1 bis 36, und zwar gleichzeitig auf fast alle Zahlen. »Ich will nicht verlieren«, sagt der Tischnachbar, ein Kenianer indischer Herkunft, also einer aus jener Gemeinschaft, die in Nairobi das Geschäftsleben bestimmt. »Setze ich auf mindestens 32 der 36 Felder, weiß ich, dass ich mit höchster Wahrscheinlichkeit mein Geld wiederbekomme.« Dann lächelt er geheimnisvoll.

Eine verblüffende Logik. Wir lassen uns aber nicht überzeugen und spielen Farbe. Als Einzige am Tisch. Und zwar Rot. Schließlich war vorher dreimal Schwarz dran. Beim ersten Mal klappt es nicht. Also jetzt erst recht Rot, und zwar den doppelten Einsatz. Erst beim dritten Mal funktioniert unser System. Der Croupier schiebt einen kleinen Berg Jetons herüber. Der Tischnachbar lächelt, diesmal herablassend, und verteilt erneut seinen Einsatz über fast alle Zahlen. Wir spielen weiter unser vermeintlich todsicheres System, diesmal mit geraden Zahlen. Es geht wieder gut. Es regnet Jetons. Hinter unseren Stühlen haben sich inzwischen andere Casinobesucher versammelt und sehen interessiert zu. Wir spielen weiter, die sagenhafte Glückssträhne hält an. Läuft doch wie am Schnürchen, ha! Aber warum, warum nur folgt keiner unserem Beispiel? Niemand sonst setzt auf Farbe oder Gerade. Seltsam.

Der Tischnachbar, der über exakt so viele Jetons verfügt wie zu Beginn des Abends, lächelt jetzt nicht mehr. Er blickt besorgt herüber. »Wissen Sie eigentlich, wie Sie nach Hause kommen wollen?«, fragt er schließlich. Mit dem Auto natürlich, warum? »Sie wollen mit ein paar hundert Euro in der Tasche zu Ihrem Auto gehen und nach Hause fahren? Obwohl jeder gesehen hat, wie viel Sie gewonnen haben?«

Endlich fällt bei uns der Groschen. Darum also will in diesem Casino niemand wirklich gewinnen! Nairobi hat eine der höchsten Verbrechensraten Afrikas. Hier werden Menschen schon wegen ein paar Euro überfallen. Der Tischnachbar lächelt. Diesmal erleichtert. Und gibt uns noch einen guten Rat: »Nehmen Sie sich hier im Hotel ein Zimmer von dem Geld, das Sie gewonnen haben. Und das nächste Mal setzen Sie nur noch auf Zahlen.«

Bloß nicht unter die Räder kommen

Auf Nairobis Straßen herrschen gewissenlose Minibusfahrer – nun will sogar Kenias Präsident eingreifen

Nein, nicht der Dicke! Der Minibus ist doch schon voll! In den rechten Oberschenkel bohrt sich das Steißbein eines dürren Schülers, der auch noch seinen Freund auf dem Schoß hat, auf dem linken liegt das Einkaufsbündel der Nachbarin, die mit ihrem Ellenbogen verzweifelt gegen den Typen kämpft, der sich gerade neben sie gezwängt hat – und jetzt schiebt sich noch einer rein, ein Mann, so korpulent, dass er schon Mühe hätte, in den leeren Fond des Busses zu steigen. Er lässt sich einfach niederplumpsen. Alle ächzen, nur der Fahrer lacht: »Einer geht immer«, sagt Benson Osinde Motari. Achtzehn Personen darf er offiziell befördern, fünfunddreißig drängen sich nun in seinem Nissan – vier von ihnen hängen außen an der Seitentür.

Todesgefährt werden die kenianischen Minibusse genannt, Höllenmaschinen, Seelenhändler, Zentren des Verbrechens und der Anarchie. *Matatus,* wie sie in der Landessprache heißen, sind berüchtigt: Für deutsche Verhältnisse schrottreif und viel zu schnell rasen sie durch Nairobis Straßen, Taschendiebe nutzen die Enge aus, es wird mit Drogen gehandelt. In die meisten schweren Unfälle ist eines der 250.000 kenianischen *Ma-*

tatus verwickelt, allein an zwei Wochenenden im Juli starben in Nairobi mehr als vierzig Menschen. Die Fahrer und ihre Kassierer gelten als die bad guys, als die wirklich bösen Kerle Kenias, die sich um nichts scheren, Gäste belästigen, keine Verkehrsregeln kennen, arrogant und rüde sind und nur ein Ziel haben: Passagieren möglichst viel Geld abzunehmen.

Motari ist eigentlich ein höflicher Mensch. Meist grinst der kahl geschorene 32-Jährige, wenn er von seiner Arbeit erzählt, doch heute hat er schlechte Laune. Zwei Stunden saß er im Polizeirevier, ein ausgeleierter Reifen kostete ihn tausend Kenia-Schilling Strafe, fünfzehn Euro. Mit bitterer Miene rast er stadtauswärts Richtung Kawangware. Eine Gegend, die man wegen ihrer heruntergekommenen Holz- und Wellblechhütten leichtfertig als Slum bezeichnen könnte, gäbe es nicht ganz andere Viertel in Nairobi. Motari schießt routiniert an den vielen Schlaglöchern vorbei – manche so groß, dass man einen ausrangierten Herd darin versenken könnte – und bremst abrupt. Ein gepresstes Stöhnen geht durch den Wagen, doch den Fahrer kümmert das nicht, hat er doch soeben den 36. Kunden am Straßenrand entdeckt. »Jeder Passagier ist zwanzig Schilling wert«, sagt er, lädt ihn auf und gibt wieder Gas.

Fünftausend Kenia-Schilling, fünfundsiebzig Euro, muss Motari jeden Abend seinem Chef abliefern. Eine Fahrt kostet dreißig Cent, also braucht er mindestens 250 Fahrgäste in seiner 14-Stunden-Schicht. »Alles, was darüber liegt, gehört mir.« Wenn es regnet, wenn die staatlichen Busse streiken oder wenn zu viele Menschen auf ein *Matatu* warten, erhöht Motari den Fahrpreis. »Warum ich das mache? Weil ich Geld verdienen will, Mann!« *Matatu*-Fahrer gehören mit Monatsgehältern zwischen 200 und 250 Euro zu den Besserverdienenden in Kenia, ein Polizist bekommt gerade mal ein Drittel davon. Doch nirgends ist der abgedroschene Spruch »Zeit ist Geld« so wahr und lebensbedrohlich wie in einem *Matatu*. Motari fährt fast nur auf der Überholspur. Wenn ihm ein Auto entgegenkommt, steuert er so lange darauf zu, bis es ausweicht – auf den Gehsteig oder an den äußersten Rand der Straße. Nein, er habe noch nie einen Unfall gehabt, auch seinen Passagieren sei nie etwas passiert. Seit neun Jahren macht er diesen Job, »immer ausgeschlafen, immer hochkonzentriert«, wie er sagt. Aber es gebe Verrückte unter seinen Kollegen, »die ihr Hirn mit Drogen voll pumpen« oder sich den Führerschein gekauft hätten.

»Es ist unwürdig, dass Menschen wie Sardinen in diese Vehikel gezwängt werden, ohne Rücksicht auf ihre Gesundheit.« Die chaotischen Zustände hätten schon zu viele Menschen das Leben gekostet. Mit diesen Sätzen beschwerte sich vor ein paar Tagen nicht etwa ein entnervter Fahrgast, sondern der kenianische Präsident. Zwar hat niemand Daniel arap Moi je in einem *Matatu* gesehen, dennoch findet er in seinem Kampf gegen die so genannte *Matatu*-Mafia eine Zustimmung, die der alte, autoritäre Herrscher bisher nur selten in der Bevölkerung gewonnen hat. Sein vergeblicher Versuch, neue Gesetze für Minibusse einzuführen, hat zum Chaos geführt. Die *Matatu*-Besitzer sollten endlich Steuern zahlen, eine offizielle Transportlizenz besitzen und nur mehr eine begrenzte Zahl an Fahrgästen befördern dürfen.

Insgesamt 72 Stunden haben die *Matatu*-Besitzer gegen die neuen Gesetze gestreikt, nichts ging mehr in Nairobi. Die meisten Läden waren geschlossen, Abschlussprüfungen an Schulen fielen aus und auf den Straßen lieferten sich Jugendliche Schlachten mit der Polizei, bewarfen staatliche Busse mit Steinen, raubten Passagiere aus oder demolierten Privatwagen. Es gab Tote, Hunderte wurden eingesperrt. Vor allem aber konnte man drei Tage lang endlose Schlangen von Menschen sehen, die aus den Vororten zu Fuß zur Arbeit ins Stadtzentrum liefen. »Wir geben keinen Millimeter nach«, verkündete währenddessen entweder der Präsident oder einer seiner Gehilfen. Und nicht nur die Bevölkerung, auch die Zeitungen des Landes unterstützten die Regierung: »Wer stoppt den *Matatu*-Wahnsinn?«, lauteten die Schlagzeilen, oder: »Würden Sie Ihre Tochter einen *Matatu*-Fahrer heiraten lassen?«

Die Wut der Kenianer gegen die *Matatu*-Fahrer und -Besitzer rührt daher, dass sie bisher machen konnten, was sie wollten. *Matatus* sind das Hauptverkehrsmittel des Landes und in Privatbesitz, nennenswerte Gesetze gibt es für sie nicht. Allein die Androhung von Streiks und damit die Vorstellung, dass das öffentliche Leben nicht mehr funktionieren könnte, reicht auch heute noch aus, um schärfere Regeln zu verhindern.

Zwar gibt es auch etwas billigere staatliche Busse, die aber fahren selten und meist mit gewaltigen Verspätungen. Dieses staatliche Versagen in einem zentralen öffentlichen Bereich hat über die Jahre hinweg eine *Matatu*-Organisation entstehen lassen, die gerne als Mafia oder als Kartell bezeichnet wird. In Erscheinung tritt nur der inoffizielle *Matatu*-Wohlfahrts-Verband, von dem sich viele Minibus-Besitzer nicht vertreten fühlen, dessen Chef Dickson Mbugua aber der Einzige ist, der die Regierung öffentlich angreift. Die neuen Gesetze seien nutzlos, schließlich sei die kenianische Bürokratie nur für Ineffizienz und Korruption bekannt: »Da brauchen wohl ein paar Menschen wieder Geld.«

Matatu-Fahrer Motari hat Glück. Er fährt eine der besseren Routen in Nairobi, die Straßen sind asphaltiert. Sein Kollege Simon Ngugi hingegen wird täglich vierzehn Stunden durchgeschüttelt, seine Strecke geht vom Stadtteil Eastleigh nach Mathare Valley, dem schlimmsten Slum Nairobis. Wo früher mal Asphalt war, ist heute eine steinige, mit tiefen Löchern übersäte Piste. Alle paar Meter setzt das Bodenblech des Minibusses mit einem erbärmlichen Kratzen auf. Ngugi weiß, welche Gesetze in der *Matatu*-Szene wirklich wichtig sind: »Nur wenn dich jemand kennt, kannst du Fahrer oder Kassierer werden.« Und jeder, der einen Minibus betreiben möchte, muss bis zu 1500 Euro Eintrittspreis zahlen, damit er auf einer bestimmten Strecke fahren darf. Allein in Nairobi gibt es 240 solcher Routen. Wer dort fahren dürfe, bestimme das Kartell, sagt Ngugi.

Auch die randalierenden Jugendlichen während des Streiks seien von dieser Gruppe bezahlt worden, das sagt zwar nicht Ngugi, dafür stand es aber in den Zeitungen.

Warum der Staat, der den öffentlichen Nahverkehr einer anarchischen Organisation überlassen hat, so leicht verwundbar ist, erkennt man auch daran, dass *Matatus* nur eine bestimmte Schicht von Menschen bedienen. Es ist die arbeitende, steuerzahlende Mittelklasse, die sich die Minibusse gerade noch leisten kann. Wenn die nicht zur Arbeit kommt, geht nichts mehr. Ein Großteil der Einwohner Nairobis läuft auch ohne *Matatu*-Streik meist zu Fuß. Bei einem Durchschnittsverdienst von fünftausend bis sechstausend Kenia-Schilling entspricht der Fahrpreis für ein einfaches Ticket ungefähr fünfzehn Euro in Deutschland. Die reichen Minderheiten aus Europa, Asien oder Amerika, die vor allem in den Vororten Nairobis wohnen, fahren ohnehin nicht mit *Matatus* – zum einen, weil sie Privatautos haben, zum anderen, weil *Matatu*-Fahren viel zu gefährlich ist, noch dazu, wenn man die falsche Hautfarbe hat. Wer weiß ist, gilt als reich. Und das kann ziemlich unangenehm sein in einer Stadt, die im Ruf steht, eine der kriminellsten Afrikas zu sein.

Weiße habe er in seinem Bus fast noch nie gesehen, sagt Ngugi. »Nur ab und zu ein paar Touristen mit Rucksäcken, sonst nicht.« An der Endstation quälen sich die Fahrgäste aus dem überhitzten Bus, in dem es nach Schweiß, Benzin und Abgasen stinkt. Die neuen Gesetze würden nichts ändern, sagt Ngugi. »Wenn ein Polizist mich aufhält, bekommt er zweihundert Schilling für seine Hosentasche. Das freut ihn, ist billiger als ein Strafzettel und kostet mich und meinen Chef keine Zeit.« Als die *Matatus* nach drei Tagen ihren Streik beendeten, nahm die Polizei zwar Dutzende von Fahrern und Kassierern fest, weil sie keine neue Lizenz besaßen oder zu viele Menschen transportiert hatten. Aber das seien nur Schaukämpfe, sagt Ngugi, in ein paar Tagen sei alles wieder beim Alten. Den anderen Grund, warum die *Matatu*-Besitzer ihren Streik beendet haben, formuliert er so: »Hast du schon mal drei Tage kein Geld verdient? Das ist tödlich in Kenia.« Um den Verdienstausfall auszugleichen, haben sich die Minibus-Betreiber etwas einfallen lassen. Es gelten neue Tarife: Die meisten Strecken sind jetzt doppelt so teuer.

Feines Gespür für Bombenstoff

Ein Belgier bildet in Tansania Ratten aus, die nach Landminen schnüffeln – und eines Tages vielleicht nach Terroristen

Wer kann schon so früh arbeiten, dazu mit leerem Magen. Es ist noch dunkel, feucht und kalt, die ersten Sonnenstrahlen sind mindestens eine halbe Stunde entfernt, und ein Frühstück ist auch nicht in Sicht, zumindest nicht, wenn sich Mathias weiterhin so anstellt wie bisher. Er rennt über den Acker, steckt seine Nase mal hier in die Erde, mal da, rennt weiter – und findet nichts. Es ist ein schlechter Tag für Mathias, sein Chef Bart Weetjens spricht von einem »blauen Montag«, an dem nicht nur Menschen verringerte Leistungen bringen, sondern auch Tiere – Tiere wie Mathias, oder besser gesagt, afrikanische Riesenhamsterratten wie Mathias. »Wir konnten es am Anfang gar nicht glauben«, sagt Weetjens, »aber diese Ratten haben ab und zu ähnliche Launen und Ausfälle wie Menschen.«

Bei einem Menschen wäre es wohl nicht so schlimm, wenn er, ausgelaugt vom Wochenende, am Montagmorgen vergessen hätte, wo der Schraubenzieher liegt, oder wenn er die Bilanzen auf seinem Schreibtisch auf Anhieb nicht richtig verstünde. Bei diesen Riesenhamsterratten aber wird ein schlechter Morgen zum Problem. Ein Versagen kann tödlich sein, und zwar für Menschen. Es ist nämlich die Aufgabe von Mathias, in diesem Acker Landminen zu finden, den Sprengstoff zu riechen, und sei er noch so tief in der Erde vergraben. Und es gibt in diesem Feld gleich vier versteckte Bomben: zwei Personenminen und zwei Panzerminen, ohne Zünder. Mathias' Kollegin Beatrice findet in nur wenigen Minuten alle vier gesuchten Gegenstände und bekommt vier Mal Frühstück, vier Mal Erdnüsse und Bananen.

Es sind Ausfälle wie die von Mathias, die Bart Weetjens immer noch davon abhalten, seine Erfolgsgeschichte groß zu verkünden. Auch wenn er aufgrund der Ergebnisse seiner Experimente mit afrikanischen Riesenhamsterratten durchaus Grund dazu hätte. Die Tiere haben einen extrem ausgeprägten Geruchssinn. Sie können Sprengstoff riechen, selbst wenn dieser nur in kleinsten Dosen nachweisbar ist. Die Versuche im Labor und auch auf dem freien Feld haben bislang gezeigt, dass die Ratten bei der Minensuche mit Sicherheit genauso gut sind wie Hunde, wahrscheinlich sogar um einiges besser. »Wir haben echte Stars unter den Tieren«, sagt Weetjens, »July, Bianca, Savadi, Mr. Bean oder Beatrice haben regelmäßig Trefferquoten von hundert Prozent.« Wären da nicht Exemplare wie Mathias, die immer wieder mal nur lausige Resultate erzielen, könnten die bislang 39 trainierten Ratten schon längst über echte Minenfelder geschickt werden. »Wir haben Anfragen aus der ganzen Welt, wir werden wirklich bedrängt die Ratten endlich einzusetzen, aber wir können uns keine Ausfälle erlauben, nur ein Fehler wäre schon einer zu viel.«

Also trainieren der Belgier Bart Weetjens und sein Team die Tiere weiter auf dem Universitätsgelände von Morogoro, einer kleinen Provinzstadt im Westen Tansanias. Der Unternehmer und Abenteurer Weetjens, eigentlich Produkt-Designer von Beruf, forscht hier auf eigene Faust – mit Unterstützung der Universitäten von Antwerpen und Morogoro. Das Prinzip, auf dem sein Projekt basiert, ist relativ einfach: Die Ratten, die fast blind sind und ungefähr so groß wie Katzen, horten ihr Fressen. Aufgestöberte Maiskörner oder Erdnüsse verstauen sie erst in ihren Backen, um sie später in ihrem Bau oder sonst wo zu verstecken. Um diese Vorräte selbst bei veränderten Wetterverhältnissen wieder aufzuspüren, speichern sie »Geruchslandkarten« in ihrem Gedächtnis. Hat sich eine Ratte einmal einen speziellen Geruch gemerkt, vergisst sie ihn nie wieder. Da Sprengstoff die Eigenschaft hat, in geringen Mengen zu verdunsten, kann TNT auf einem Minenfeld schon in der Luft nachgewiesen werden. Im Labor werden die Tiere nun auf diesen Geruch trainiert. Wann immer sie auf TNT reagieren, gibt es etwas zu fressen. Reagieren sie nicht, gibt es nichts, und das oft tagelang. Nach diesem Prinzip wurden bislang auch Minenhunde ausgebildet, die Ratten haben aber wohl nicht nur den besseren Geruchssinn, sie lernen auch viel schneller, vergessen das Antrainierte nicht mehr und haben noch eine Reihe weiterer Vorteile gegenüber Hunden. Da die Tiere in fast allen afrikanischen Ländern zu Hause sind, sind sie nicht anfällig für Tropenkrankheiten, sie sind billiger zu halten, pflegeleichter, vermehren sich schneller, brauchen kein Herrchen wie der Hund, und was wohl für alle Beteiligten das Wichtigste ist: Sie fliegen nicht in die Luft, wenn sie auf eine Personenmine treten, Hunde lösen mit ihrem Gewicht schon mal die Bombe aus.

Sollten die Versuche weiterhin so gut ausfallen wie bisher, werden die ersten Ratten aus der Équipe von Bart Weetjens wohl schon Ende des Jahres im immer noch minenverseuchten Mosambik eingesetzt werden, danach in Angola, wo zwischen fünf und zehn Millionen Landminen vermutet werden. Wie viele solcher Bomben weltweit vergraben sind, weiß niemand, jährlich aber werden im Durchschnitt 35.000 Menschen durch sie getötet oder verletzt. Es gilt für alle Sprengstoffsucher die Regel, dass schon eine einzige Mine auf einem Acker eine zu viel ist. »Würden Sie ihre Kinder aufs Feld oder in die Schule schicken, wenn Sie wüssten, dass die Gegend zu 95 Prozent minenfrei ist?«, fragt Weetjens. Deshalb müssten die Ergebnisse immer hundertprozentig sein. »Wenn wir drei Ratten hintereinander über ein Feld laufen lassen, können wir mit Sicherheit davon ausgehen, dass alle Minen gefunden worden sind.«

Nach vier Stunden sind die Ratten mit ihrer Arbeit fertig. Es geht zurück in die Forschungsstation, ein Gelände, auf dem es mehrere Versuchslabors gibt. Und hier zeigt sich, dass die Landminensuche vielleicht nur der Beginn einer ungewöhnlichen Erfolgsgeschichte ist. Denn hier werden die Tiere auch darauf trainiert, Luftproben zu untersuchen. Ist TNT vorhanden oder nicht, lautet die Frage der Versuchsanordnung. Und auch hier zeigen sich die meisten Ratten als außergewöhnlich zuverlässig. Sollten die Ergebnisse weiterhin so gut ausfallen, könnten die Tiere auch an Flughäfen eingesetzt werden. »Es muss ihnen nur die Luftprobe aus einem Gepäckcontainer vorgesetzt werden oder sie müssten sich lediglich in der Nähe von Passagieren aufhalten, um zu wissen, ob irgendwo Sprengstoff versteckt ist oder nicht«, sagt Weetjens. Wenn es mit dem Training klappt, dann wäre die afrikanische Riesenhamsterratte schon bald der natürliche Feind der Terroristen.

Es gibt noch ein weiteres Labor, eines, über das Weetjens noch gar nicht groß Auskunft geben möchte. Denn hier werden die Ratten darauf trainiert, in Speichelproben Tuberkuloseerreger zu identifizieren. Es ist das gleiche Prinzip wie bei der Sprengstoffausbildung, nur wäre dies, sollte es gelingen, eine noch viel größere Sensation. Denn bislang bedurfte es aufwändiger Verfahren, um Tbc nachzuweisen; sollte es der Ratte anhand von Speicheltests gelingen, wäre das nicht nur viel schneller und billiger, es eröffnete sich auch ein riesiges neues Betätigungsfeld. Jährlich erkranken zwei Millionen Menschen an Tuberkulose. »Wenn es wirklich klappt, werden Sie mit Sicherheit von uns hören«, sagt Weetjens.

Gegen Mittag erscheint der Militärchef von Morogoro, Mayor Msuwa. Die Forscher brauchen von ihm neue Landminen und auch Sprengstoff, um ihre Tests fortführen zu können. Natürlich sei das sehr beeindruckend, was diese Tiere können, sagt der Soldat. Die Minen seien ja wirklich eine Plage. Dann zögert er kurz. »Aber die Ratten sind auch eine Plage. Es gibt in Tansania so viele, die fressen alle Felder leer.« Das ist auch der Grund dafür, erzählt Weetjens, dass die meisten Bewohner von Morogoro kein Verständnis für sein Projekt aufbringen. Fast täglich kommen wütende Bauern und fordern die Forscher auf, Ratten von ihren Feldern zu holen. »Nehmt sie doch«, sagt Mayor Msuwa, »die könnt ihr auch grillen. Ich hab sie schon mal gegessen, die schmecken wirklich hervorragend.«

Was kümmert den Sultan die Grenze?

Garane Ahmed Korfa sitzt im Parlament Äthiopiens, macht Geschäfte in Somalia und regiert ein nach Somalia orientiertes Gebiet Äthiopiens

Der Sultan kommt, und jeder erkennt ihn schon von weitem. Er rast mit seinem weißen Toyota-Allrad über die steinige Piste, hinten und vorne von weiteren Autos eskortiert. Aus dem Strohhüttendorf rennen Kinder auf ihn zu, Männer winken, Frauen lachen und viele rufen: »Sultan! Sultan!« Dieser lacht, winkt auch und gibt noch mehr Gas, sodass die mit Kalaschnikows bewaffneten Leibwächter fast von der Ladefläche des Autos fallen. Garane Ahmed Korfa ist wieder da – daheim in Kelafo, seinem Geburtsort im Südosten Äthiopiens nahe der Grenze zu Somalia. Und diesmal trägt Korfa nicht wie in Äthiopiens Hauptstadt Addis Abeba einen Anzug aus feinem Stoff, er kommt in Jeans und blauem Hemd.

Es gibt wohl nur wenige Menschen hier, die so viele Funktionen haben wie Korfa. Der hochgewachsene, schlaksige 51-Jährige ist nicht nur Sultan eines somalischen Clans im Ogaden, er ist gleichzeitig auch noch Parlamentsabgeordneter in Addis Abeba, Geschäftsmann, Chef einer Hilfsorganisation und absolutistischer Herrscher über die Bewohner von Kelafo. Zugleich verkörpert er auch die Absurdität afrikanischer Grenzen, ja sogar des afrikanischen Nationalstaates. Und um das zu verstehen, muss man nur ein paar Tage mit ihm unterwegs sein.

Schon bei der Ankunft in Kelafo passiert etwas, das ein souveräner Staat eigentlich nicht zulassen dürfte: Lebensmittel, Benzin, Getränke und Tiere werden nicht in äthiopischen Birr, sondern in Somali-Schilling bezahlt. Seit im Nachbarland Anarchie herrscht, seit es dort keine Zentralregierung und keine Zentralbank mehr gibt, existiert die Währung Somalias eigentlich nicht mehr. Zwar sind vor ein paar Wochen zum ersten Mal seit Jahren wieder ein zentrales Parlament und ein Präsident gewählt worden, doch ob sich diese gegen die schwerbewaffneten Kriegsherren im Süden Somalias durchsetzen können, ist derzeit alles andere als klar. Doch der Somali-Schilling ist auch ohne funktionierende Zentralregierung in Somalia im äthiopischen Ogaden seit Jahren die herrschende Währung. Sollte das Geld mal ausgehen, erzählt ein Polizist, werden in Somalias Hauptstadt Mogadischu eben neue Noten gedruckt. Was doppelt bemerkenswert ist: Erstens erhält Geld ohne Wert durch die allgemeine Anerkennung der Somali neuen Wert; und zweitens ist der Polizist, der das sagt, eigentlich dafür da, die äthiopische Souveränität zu schützen.

Doch vom äthiopischen Staat oder Nationalgedanken will man im Ogaden nichts wissen. Die überwiegende Mehrheit der vier Millionen hier lebenden Menschen sind Somali. Entweder sind sie hier geboren oder während der Kämpfe im Nachbarland in den Ogaden vertrieben worden. Und diese Region ist das am schlechtesten versorgte Gebiet im sowieso schon bettelarmen Äthiopien. Es gibt keine asphaltierten Straßen, keinen Strom, keine Telefone, kein sauberes Trinkwasser und fast keine Krankenhäuser. Deshalb sterben hier auch ohne Hungersnot und Dürre in der Regel bis zu zwanzig von hundert Kindern, bevor sie fünf Jahre alt werden.

Als im Frühjahr 2000 die Welt aufgerufen wurde zu spenden, weil im Ogaden durch die lang anhaltende Dürre erst die Rinder und Schafe, dann Kamele und zuletzt auch noch Kinder und Alte starben, da war Korfa der Erste in Kelafo, der den Bewohnern geholfen hat. Er kaufte Getreide, Obst, Gemüse und Arzneien, erweiterte die Klinik, die auf seine Initiative hin von einer italienischen Hilfsorganisation gebaut worden war, und nahm noch mehr Hungerflüchtlinge auf. Waren 1999 noch zweitausend Somali nach Kelafo gekommen, so hatte Korfa im März und April 2000 bis zu achttausend Menschen zusätzlich zu betreuen. Und da die äthiopische Regierung sich nicht um dieses Gebiet gekümmert hatte, waren auch internationale Hilfsorganisationen wie zum Beispiel die Deutsche Welthungerhilfe, das Welternährungsprogramm der Vereinten Nationen oder auch Karlheinz Böhms »Menschen für Menschen« auf Korfa angewiesen, wenn sie helfen wollten. War er doch die einzige Institution, über die man die Somali in Kelafo überhaupt versorgen konnte.

»Bis vor kurzem gab es hier überhaupt nichts«, sagt der Sultan, dessen von ihm gegründete Hilfsorganisation inzwischen von der Europäischen Union, Italien, Österreich und der Schweiz finanziell unterstützt wird. Er lässt von den Hilfsgeldern nicht nur Krankenhäuser, Schulen und Bewässerungsanlagen bauen, sondern kauft auch Lebensmittel und Medikamente ein. Und wo er dies tut, ist auch klar: »Mogadischu ist dreihundert Kilometer entfernt«, sagt der Sultan, »Addis Abeba 1400 Kilometer. Nicht nur ihre Volksgruppe, auch die Transportkosten für Lebensmittel oder Material zwingen die Somali, sich nach Mogadischu zu orientieren.« Außerdem interessiere es niemanden, auch die wenigen Grenzposten zwischen den beiden Ländern nicht, wenn die Menschen zwischen Äthiopien und Somalia hin- und herzögen. Das Einzige, was für die Meisten zähle, sagt Korfa, sei das Bewusstsein, einem der vielen somalischen Clans anzugehören, sein Land und sein Vieh zu verteidigen und die Gesetze der Gruppe anzuerkennen, die sich sehr stark am islamischen Recht orientieren.

Korfa ist der unumschränkte Herrscher in Kelafo. Seine Familie besitzt, so wird kolportiert, die größte Bananenplantage südlich von Mogadischu. Das Wichtigste aber ist, dass er Sultan ist, der Chef eines Clans. Den Titel hat er von seinem Vater geerbt, und was Korfa sagt, das gilt – auch wenn es noch so viele Polizisten, Ortsvorsteher oder Bezirksabgeordnete gibt. »Die haben ihre Titel und sind glücklich damit. Geld, um den Menschen zu helfen, haben sie keines«, sagt der Mann und lacht.

Vor dem Haus des Sultans, dem einzigen gemauerten in Kelafo, drängen sich die Menschen.

Jeder will nun mit ihm sprechen, weil er oft nicht da ist, sondern in Addis Abeba residiert. Doch bevor es zum abendlichen Treffen mit den Dorfältesten geht, will er dem Besucher noch zeigen, wie ein somalischer Sultan Spaghetti isst. Mit den Händen natürlich, und die Nudeln werden so lange geschickt mit den Fingern eingewickelt, bis sie in einem kleinen Häufchen zusammengedreht in der Handfläche liegen. »Das habe ich nicht in Italien gelernt. Dort habe ich zwar studiert, aber wie man Spagetti richtig isst, das wissen die wirklich nicht.« Und dann erzählt er, dass die meisten Menschen vor seiner Tür Geld haben wollen. »Ich gebe es ihnen auch oft, das ist meine Aufgabe.« Außerdem werde er immer dann gerufen, wenn es gelte, Streitigkeiten zu schlichten, oder wenn es darum gehe, dass jemand seinen Sohn im Krankenhaus beschäftigt wissen will. »Da gibt es nur drei Stellen«, sagt der italienische Arzt Renzo Bozzo, der auf dem Anwesen des Sultans wohnt und die Klinik leitet. »Ich kann doch nicht zweitausend Pfleger haben. Aber Korfa wird das schon richten.«

An diesem Abend ist Korfa bis lange nach Mitternacht verschwunden, in Besprechungen, wie er am nächsten Tag erzählt. Worum ging es denn? »Um nichts Wichtiges«, sagt er nur und ist wieder verschwunden, in der nächsten Besprechung. Der italienische Arzt kennt das Thema: Korfa muss zwischen zwei somalischen Familien vermitteln. Über zwanzig Tote habe es bei den Kämpfen zwischen ihnen schon gegeben. Nein, nichts Politisches, »es geht um Wasserrechte. Durch die Dürre suchen alle verzweifelt nach Stellen, wo sie ihr Vieh tränken können.« Von denen, die Menschen getötet haben, komme aber keiner ins Gefängnis. »Da muss jetzt der Preis ausgehandelt werden, den eine Familie der anderen pro Getötetem zahlen muss.«

Vor nicht allzu langer Zeit wurde hier noch viel heftiger gekämpft, aus politischen Gründen. Doch die Auseinandersetzungen haben sich vierzig bis fünfzig Kilometer nach Westen verlagert. Dennoch reist Korfa nur mit bewaffnetem Begleitschutz, und auch den Mitarbeitern der Vereinten Nationen ist es nach wie vor nicht gestattet, in diesem Gebiet zu übernachten. Zu häufig sind hier Transporte oder Dörfer überfallen worden.

In diesem Krieg kämpft die Nationale Befreiungsbewegung des Ogaden (Ogaden National Liberation Front) gegen die äthiopischen Truppen. Sie fühlen sich von Addis Abeba unterjocht – von einer Regierung, der nachgesagt wird, sie werde von der Volksgruppe der Tigray im Norden Äthiopiens dominiert. Noch weiter im Westen will auch die Befreiungsbewegung der Oromo (Oromo Liberation Front) einen eigenen Staat für ihre Volksgruppe. Dieser Krieg ist noch viel brutaler als der im äthiopischen Somali-Gebiet, weil die Oromo die größte Gruppe der mehr als achtzig Völker in Äthiopien darstellen und ihre Rebellen von sehr vielen Oromos unterstützt werden. Somali- und Oromo-Rebellen haben im vergangenen Jahr eine strategische Allianz gegen Äthiopien gebildet. Bislang hat ihnen das nicht viel geholfen, weil sich auch die Kämpfer der beiden

Volksgruppen hassen und bekriegen. Zehntausend Rebellen seien inzwischen in äthiopischer Haft, schätzt das Rote Kreuz in Genf. Ein Mitarbeiter vor Ort, der die Gefangenen betreut, weigert sich zwar, die exakte Zahl zu nennen, meint aber: »Es sind sehr, sehr viele.«

Trotz der Kämpfe, trotz der Orientierung nach Somalia und auch trotz des langen Grenzkrieges zwischen Eritrea und Äthiopien – der Sultan würde niemals öffentlich ein schlechtes Wort gegen das Land oder auch nur gegen die Regierung in Addis Abeba sagen. Zu sehr ist er Abgeordneter im äthiopischen Parlament. Nein, Korfa sagt, dass sich – seit 1991 der äthiopische Diktator Mengistu gestürzt wurde, seit die Regierung unter Meles Zenawi im Amt sei – »sehr vieles in meiner Heimat verbessert hat«. Was nicht sonderlich schwer war, immerhin war der Ogaden 1977-78 Kriegsgebiet; Somalia wollte damals das Gebiet besetzen. Danach blieb es von den Truppen Mengistus kontrolliertes und unterdrücktes Land.

Auch Korfa ist 1977 nach Somalia geflohen und erst zurückgekommen, als Mengistu gestürzt war. Seitdem ist er der Sultan von Kelafo; seitdem versucht er, zumindest die Menschen in seinem Ort zu unterstützen. Aber warum macht er das? Warum gibt er den Bewohnern so viel Geld? Warum investiert er nicht mehr Geld in seine Bananenplantage südlich von Mogadischu, wo er viel mehr Gewinn machen könnte? »Kelafo ist meine Heimat«, sagt Korfa, »wir Somali im Ogaden brauchen endlich ein besseres Leben.« Und auch wenn das alles übertrieben selbstlos klingt, zumindest in einer Einschätzung zeigt sich Korfa realistisch: »Ich habe seit Jahren dafür gebetet, dass Somalia wieder eine Zentralregierung bekommt, dass das Land endlich wieder in Frieden leben kann. Jetzt haben wir seit kurzem eine. Es wäre ein Wunder, wenn das klappte.«

Nachsatz

Die meisten in diesem Buch versammelten Texte sind zwischen Sommer 1999 und Frühjahr 2003 in der *Süddeutschen Zeitung* erschienen. Einige wurden aktualisiert, andere extra für diese Lesereise geschrieben, und einer – Was kümmert den Sultan die Grenze? – wurde von der Zeitschrift *der überblick* veröffentlicht. Oft gibt es die Klage, Afrika fände keinen Platz in deutschen Medien, umso mehr möchte ich der gesamten *SZ*-Redaktion danken, dass sie immer interessiert und aufgeschlossen für diesen besonderen Platz der Erde war, meine Geschichten aufgenommen, redigiert, schön platziert und gedruckt hat und mich unermüdlich zu weiteren Themen ermunterte. Da die Texte in vielen Ressorts erschienen sind, »Seite Drei«, Außenpolitik, Panorama, Feuilleton und »*SZ* am Wochenende«, danke ich all meinen geduldigen Kollegen. Besonders hervorheben möchte ich aber Klaus Brill, Detlef Esslinger, Karl Forster und Achim Zons, denn diese Menschen haben mir – jeder auf seine Weise – die wichtigsten Hilfen für die Realisierung dieses Buch gegeben.